町山智浩の
アメリカ流れ者

Tomohiro Machiyama
Vagabonding in The USA

町山智浩［著］
TBSラジオ「たまむすび」［編］

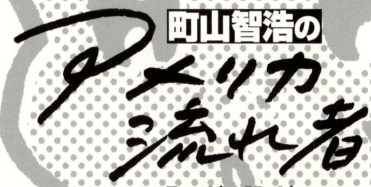

はじめに

この本はTBSラジオ「たまむすび」の映画コラムコーナー「町山智浩のアメリカ流れ者」で話したことをもとに、編集部が文章にまとめたものです。

あちこちで言っていることですが、僕が映画評論家を目指したのは、TBSラジオの「淀川《よどがわ》長治《ながはる》Radio名画劇場」という番組がきっかけです。

淀川先生が、毎週1時間じっくりと古今東西の名作映画と巨匠たちについてわかりやすく面白く解説してくれて、本当に勉強になりました。

今、こうやってTBSラジオで映画について話すのは自分なりの恩返しのようなものです。

実際の放送では、スタジオの赤江《あかえ》珠緒《たまお》さん、山里《やまさと》亮太《りょうた》さん、海保《かいほ》知里《ちさと》さんとの掛け合いなんだけど、書籍化用に僕の発言だけに絞って言葉を書き直しているので……
読んでみると、どうも行儀が良すぎる！　落ち着きすぎ！
本来はもっと乱暴で、いい加減で、言いっぱなしです。
いきおいに乗ってチ●コやらマ●コやら口走ってるし。
でも、この文章だけ読むと、まるでなんか、分別ある常識人みたいじゃないか！

もし、この本をきっかけに「たまむすび」に興味を持ってくれた方がいたら、
是非、実際に放送を聴いてみてください。もっと無責任に飛ばしてますから。

今までさんざん言っちゃいけないことを言っても、クビにしないで、
10年以上コーナーをやらせてくれたTBSラジオと、絶妙の合いの手でアシストしてくれる
赤江さん、山里さん、海保さんに感謝します。

２０１８年3月　町山智浩

Tomohiro Machiyama Vagabonding in The USA

Contents

Tomohiro Machiyama Vagabonding in The USA

Contents

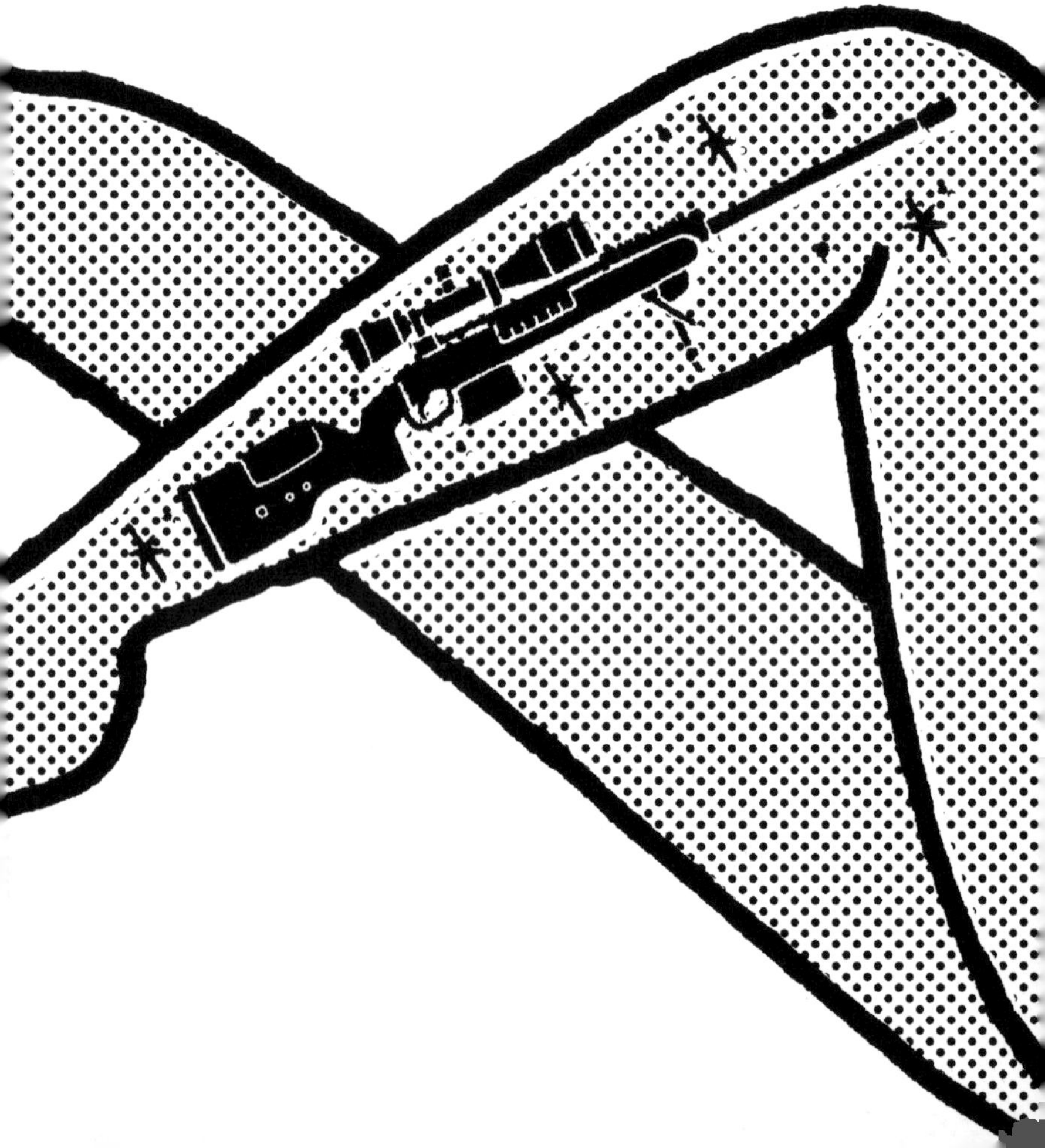

01

Star Trek Beyond

スター・トレックBEYOND

多様性のあるアメリカ、人類の未来

2016年／アメリカ
〔監督〕ジャスティン・リン
〔出演〕クリス・パイン、ザカリー・クイント、カール・アーバン、ゾーイ・サルダナ、サイモン・ペッグ、ジョン・チョー、アントン・イェルチン
ブルーレイ　¥1,886+税
パラマウント

『スター・トレック』が描く多様性

『スター・トレック』は1966年に最初のテレビ放送が始まって以来、2017年現在までにテレビシリーズが5本、劇場用映画は13本作られています。エピソード数は全部で720以上にものぼり、「全てのエピソードを観ることは不可能ではないか？」と言われているほどの壮大な大河シリーズです。

『スター・トレック』の舞台になっているのは遠い未来。地球は「惑星連邦」という銀河系宇宙人たちの連合国家に加盟しています。惑星連邦は地球の国連のようなものですが、加盟しているのは「国」ではなく「惑星」単位です。地球人の他に、バルカン星人、ロミュラン星人、クリンゴン星人といった様々な星の宇宙人がいて、みんなで協力して宇宙の平和を守ろうとしています。『スター・トレック』シリーズは、この惑星連邦の宇宙探査船「エンタープライズ号」の乗組員たちの冒険から始まりました。

＊＊＊

これがアメリカだけではなく日本も含めた全世界で大ヒットした理由は、ダイバーシティ（Diversity／多様性）だと思います。ダイバーシティとは、簡単に言うと「いろんな人たちがいる」ということです。

まず画期的だったのは、ウフーラ通信士官というキャラクターを黒人女性が演じていたことでした。通信士官は「連邦政府の代表者として外部の宇宙人と話をする」外交官的な役職です。『スター・トレック』の放送が始まった1966年ごろのアメリカ社会は女性差別が強く、実社会での仕事は秘書、タイピスト、受付、看護師、電話交換手ぐらいしかありませんでした。特に黒人女性だと、メイド、清掃員、ウエイトレスなどに職種は限られていたんです。そんな時代に政府の外交官の役を黒人の女性が演じたのは、当時としては大変画期的なことでした。

マーティン・ルーサー・キング・ジュニア牧師が、アメリカ南部における黒人の選挙権を闘いの末にやっと勝ち取ったのが1965年のこと。『スター・トレック』の放送はその翌年に始まっており、キング牧師も「『スター・トレック』はすごい」と言っていました。

それ以外にも、スコットという機関主任がスコットランド人だったり、当時はソ連とアメリカが冷戦状態だったにもかかわらず、航海士はチェコフというロシア系であったり、エンタープライズ号は地球上のあらゆる人種を乗せた船になっています。

そうした人種構成について『スター・トレック』を作り上げたプロデューサーのジーン・ロッデンベリーはこう語っています。

「もし人類が宇宙に行くレベルになったら、もはや人種とか民族とか国家というレベルではなく、〈地球人〉として行くだろう。地球人の代表として他の星の人たちと付き合うのだから、1つの船にあらゆる地球人が乗っている状況が普通なんだ」

この考え方は、人種差別・女性差別が激しかった60年代当時としては、非常に未来予測的で画期的なものでした。

日本人パイロット、ヒカル

エンタープライズ号のパイロット、ヒカル・スールーは日本人とフィリピン人のハーフという設定です。初代のヒカル・スールーを演じたのは、ジョージ・タケイさんという日系人俳優でした。

『スター・トレック』以前のアメリカでは、日本人俳優がテレビドラマや映画で主役級のキャラクターを演じることはほとんどありませんでした。日本人が映画に出演していたとしても悪役だったり、酷い時は白人の俳優が出っ歯をつけて、メイクで目を吊り上げて日本人のキャラクターを演じたりしていたのです。そんな状況の中「アジア系の俳優がエンタープライズ号のハンドルを握っている」ということで、日本人だけでなく、韓国人や中国人もみなヒカルに感情移入して『スター・トレック』を観ていました。

＊＊＊

2009年には若い俳優たちでリブートをかけた新シリーズ1作目『スター・トレック』、2013年に2作目『スター・トレック イントゥ・ダークネス』、2016年には3作目『スター・トレック BEYOND』が公開されました。3作目『スター・トレック BEYOND』の監督はジャスティン・リンという台湾系アメリカ人です（1作目と2作目の監督はJ・J・エイブラムス）。

ジャスティン・リン監督は、2002年に『Better Luck Tomorrow』（日本未公開）という自主制作に近い低予算映画を作っています。『Better Luck Tomorrow』はアジア系アメリカ人の若者たちが主役の青春ドラマで、この作品で韓国系の若者を演じたジョン・チョーは、リブート版『スター・トレック』シリーズでヒカル・スールーを演じています。つまり、ジャスティン・リン監督としては、自分のデビュー作に出演していた俳優と14年ぶりに再び組んだことになります。

また、リン監督は2007年に『阿呆遊戯 ブルース・リーを探せ！』という映画を撮っています。これはブルース・リーの遺作となった『死亡遊戯』（1978年）を題材にした「偽ドキュメンタリー形式」のコメディーです。ブルース・リーは、『死亡遊戯』のクライマックスのアクションシーンだけを撮って、他のシーンを撮影する前に亡くなってしまいました。そこでハリウッドの映画会社が、アクションシーン以外のドラマ部分を他のアジア系俳優で撮影し映画を完成させたんですが、その事実をもとに、この映画ではブルース・リー役のオーディションを描いています。

オーディションに集まってくる俳優がアホばかりで笑えるんですが、つまり当時、アジア系の俳優には仕事がなかったのです。ハリウッドからアジア人が締め出されている事実を風刺しているんですね。

白人がアジア人を演じる？

実際、アメリカ国籍を持っていたブルース・リーが、『燃えよ！ カンフー』という、自分が主演するドラマの企画をハリウッドに持ち込んだことがありました。『燃えよ！ カンフー』は、西部の開拓時代に鉄道を造っていた中国人労働者にカンフーの使い手がまぎれていて、彼がガンマンたちと戦うという西部カンフーアクションです。ところが、それをハリウッドがテレビドラマ化した時には、主演がブルース・リーではなくデビッド・キャラダインという白人の俳優に代えられていました。中国から来たカンフーの達人が、なぜ白人なのでしょう？

それはハリウッド側に「アジア人が主役じゃダメだ」という考え方があるからです。

『燃えよ！カンフー』が作られたのが1972年、ジャスティン・リン監督が『Better Luck Tomorrow』を撮ったのは2002年のことです。つまり30年間、状況はあまり変わっていなかったわけです。

＊＊＊

例えば、日本の士郎正宗《しろうまさむね》さんが描いた劇画『攻殻機動隊』をハリウッドで映画化した『ゴースト・イン・ザ・シェル』（2017年）。この作品のヒロインは草薙素子《くさなぎもとこ》という日本人ですが、それをなぜかスカーレット・ヨハンソンという白人が演じています。彼女のお母さん役は桃井《ももい》かおりさんですが……桃井かおりからスカーレット・ヨハンソンは生まれません。

ただし、原作の設定では「草薙素子は心だけが生きていて身体はサイボーグ」なので、義手や義足のように白人の「義体」でもおかしくはないんだ、というエクスキューズがあります。でも、原作で日本人の女性という設定なのにわざわざ白人の女優に演じさせるのはおかしな話です。似たような例として、2016年公開の『グレートウォール』という映画があります。この映画は、万里の長城で怪獣の侵略を防ぐ話ですが、紀元前の中国の話なのに、なぜか白人のマット・デイモンが主役を演じています。

さらにもう1つ。マーベル・シネマティック・ユニバースのスーパーヒーロー映画『ドクター・ストレンジ』（2016年）。この作品はベネディクト・カンバーバッチ演じる主人公がネパールのカトマンズに行き、仏教僧のもとで修行をするのですが、原作コミックでは当然アジア人男性になっている高僧をティルダ・スウィントンという白人女優が演じています。

白人以外のキャラクターをわざわざ白人に演じさせることを、ホワイトウォッシュ（漂白）といいます。これは今のハリウッドでも続いているわけで、1966年に作られた初代『スター・トレック』は、実に進んでいたことがわかります。

ハリウッドのホワイトウォッシュに抗議して、アジア系の俳優たちを中心に「ジョン・チョーを主役にしよう（Starring John Cho）」運動が起こりました。ジョン・チョーの顔を『007』や『アベンジャーズ』のポスターにはめ込んだコラージュを作って、「アジア人だっていいじゃないか」と主張するわけです。

＊＊＊

『スター・トレック』と現代アメリカ社会

話を『スター・トレック』に戻しましょう。『スター・トレック BEYOND』は、サイモン・ペッグというイギリス人俳優がシナリオを書いています。彼はもともと『スター・トレック』オタクで、俳優として機関長のモンゴメリー・スコットを演じています。

『スター・トレック BEYOND』では、「ヨークタウン」という惑星連邦の巨大な宇宙ステーションが謎の敵「クラール」に襲われます。ヨークタウンとは、もともとテレビシリーズの『スター・トレック』にも出てくる地名ですが、アメリカが独立戦争時にイギリスと戦った場所の名前でもあります。

先日、サイモン・ペッグにインタビューした際、彼はこんなことを言っていました。

「『スター・トレック』の世界観は、実はアメリカそのものなんだ。移民がいっぱいいて、人種はバラバラだけどもみんな仲良くやっている。それが『スター・トレック』に描かれる惑星連邦の世界なんだよ」

グローバリゼーションで国境がなくなり、地球が1つになって宇宙の惑星連邦の中に入っているという『スター・トレック』の世界観は、進歩的な未来像です。それに対して、「1つの土地に生まれて、外の世界には興味を持たずにその土地の中だけで生きていこう」と言う人たちもいます。つまり2016年のアメリカ大統領選でドナルド・トランプに投票した人たちです。

この対立は世界中で激化しています。今回のタイトルの『BEYOND』には、その対立を「乗り越えていく」という意味が込められています。イギリス人であるサイモン・ペッグからの、アメリカの多様性の象徴『スター・トレック』に対するラブコールなのです。

さらに、『スター・トレック BEYOND』でエンタープライズ号の副長ミスター・スポックを演じているザカリー・クイントは「クラール」についてこう言っていました。

「今回の敵、クラールはドナルド・トランプだ。だから2016年に『スター・トレック BEYOND』が公開されることにはすごく重要な意味があるんだ」

クラールは「お前らは違う異星人同士で手に手を取り合って〈連合〉とか言ってるけど、そんなものは理想にすぎない。人間とはお互いに反発して、いがみ合って戦うものなんだ！」と叫びます。クラールに対してエンタープライズ側は「そうじゃないんだ。人はいがみ合うことで強くなるんじゃなくて、手を取り合うことで連合して強くなるんだ」と反論します。これは、トランプ的なイデオロギーと国連的なイデオロギーの闘いを象徴しています。

『スター・トレック』はやおいの起源？

さらに重要なのは、ジョン・チョー演じるヒカルがゲイという設定になっていることです。今までの『スター・トレック』シリーズにも様々なキャラクターがいましたが、ゲイはいませんでした。

初代ヒカルを演じていたジョージ・タケイさんは、ハリウッドの俳優ではゲイであることを最も早くカミングアウトした人です。誰もが知っているそのジョージ・タケイがゲイを公表したことは、ゲイであることを隠して辛い思いをしている人たちに勇気を与えました。

そういえば『スター・トレック BEYOND』の出演俳優たちに取材をした時、中国系の女性記者がこんなことを言っていました。

「BLとかやおいは『スター・トレック』から始まっているんです。もともと『スター・トレック』が放送された1960年代、カーク船長とミスター・スポックがあまりにも仲がいいので、〈2人はデキている〉と女性たちが妄想して、それを物語として書き始めたのが、やおいやBLの始まりなんですよ！」

彼女がこの話をすると、カーク船長役のクリス・パインとスポック副長役のザカリー・クイントが見つめ合って、イチャイチャし始めました。

「えっ？　それは妄想じゃないよねえ、スポック……」

「そうだよねえ、カーク……」

ザカリー・クイント自身が本当にゲイなので、超リアリティーがあります。2人のイケメン俳優がイチャついているところを見て、中国系腐女子インタビュアーは悶絶していました。

02.

X-Men:
Days of Future Past

X-MEN:フューチャー&パスト

ミュータントに託して描かれる差別との闘い

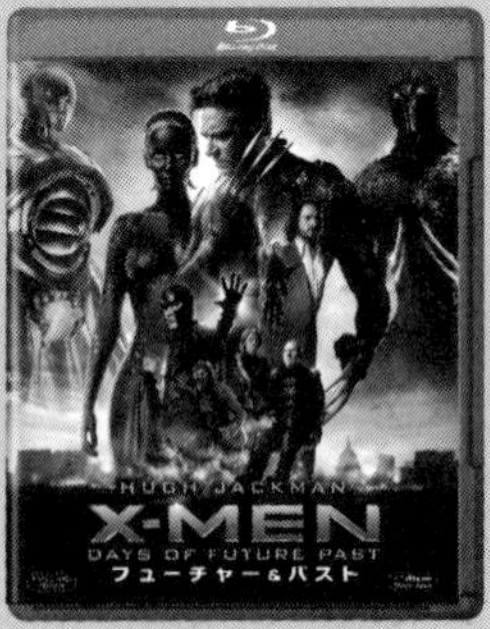

2014年/アメリカ
〔監督〕ブライアン・シンガー
〔出演〕ジェームズ・マカヴォイ、マイケル・ファスベンダー 、ニコラス・ホルト、ジェニファー・ローレンス、ハル・ベリー
ブルーレイ　¥1,905+税
20世紀フォックスホームエンターテイメントジャパン

「マイノリティがマイノリティを守る」物語

アメコミ映画『X-MEN』シリーズには、様々な特殊能力を持つキャラクターがたくさん登場します。人の心を読んだり操ったりできる「プロフェッサーX」、あらゆる金属を自在に操ることができる「マグニートー」、常人の何十倍ものスピードで移動できる「クイックシルバー」、相手の容姿を含め、しゃべり方や言語までを完璧にコピーできる「ミスティーク」、そして、歳を取らな

い不死身の肉体を持つ「ウルヴァリン」。彼らは「ミュータント」と呼ばれ、彼らが結成したヒーローチームの名前が「X-MEN」です。

映画の中に彼らのような超能力者が出てきたら、普通なら「力を合わせて世界の平和を守る！」という展開になりそうですが、X-MENの目的はそうではないのです。物語の中でミュータントはマイノリティとして差別されています。特殊能力を持って生まれてきたミュータントはいわば新人類で、旧人類は新人類に駆逐されて地球を乗っ取られることを恐れ、差別だけにとどまらず、彼らを弾圧し、滅ぼそうとする人たちもいます。それに対抗して「ミュータントたちを守る」のがX-MENの目的なのです。

つまり『X-MEN』シリーズは、ヒーロー物では珍しい「マイノリティがマイノリティを守る」物語ですが、これはアメリカという多民族社会と深い関係があります。

マイノリティ差別との闘い

原作のコミックは1963年に描かれ始めています。当時アメリカの南部では、黒人たちの反差別運動が起こっていました。南部では、南北戦争が終結した1865年から100年経っても、「黒人は白人と同じレストランに入れない」「同じ学校に行けない」「選挙権がない」といった形で、酷い黒人差別が続いていたのです。

それに対してマーティン・ルーサー・キング・ジュニアという黒人の牧師が「権利と平等を勝ち取ろう」と立ち

上がり、非暴力闘争を行いました。キング牧師は一切の暴力を使わず、ただ、バスで白人専用の席に座り、白人専用レストランに座り、プラカードを掲げて静かに行進しました。それに対し南部の白人たちは、放水したり警棒で殴ったり、犬をけしかけたり、徹底した暴力で潰しにかかり、罪のない人を射殺することさえありました。それが1963年という時代です。

そんな時代に作られたのが『X-MEN』でした。これは新人類の話という形を取りながら、現実の差別について描かれたコミックなのです。

＊＊＊

ミュータントは2つの派閥に分かれています。1つは、キング牧師のように非暴力でミュータントの人権を勝ち取ろうとしているグループで、こちらはプロフェッサーXがリーダーなので「X-MEN」と呼ばれます。もう一方は「ミュータントを差別する人間なんて滅ぼしてしまえ！」という暴力的な考え方を持っていて、こちらのリーダーはマグニートーです。

これは原作が描かれた当時、黒人の人権運動が穏健派と過激派に分かれていたことに由来しています。非暴力派のキング牧師に対して、「平等を勝ち取るためなら、どんな手段も辞さない」というマルコムXという活動家がいました。

X-MENの原作者であるスタン・リーは、ユダヤ系アメリカ人です。1922年生まれである彼の世代は、ヨーロッパで弾圧されてアメリカに渡ってきたユダヤ人たちの二世で、アメリカに渡らなかったユダヤ人たちの多くは、ナチスが行った「ホロコースト（大量虐殺）」によって殺されました。マグニートーはユダヤ人だったので収容所に入れられ、両親を殺され、人間の差別意識に絶望し、彼らを滅ぼす道を選びます。

＊＊＊

映画『X-MEN』シリーズのプロデューサーであるブライアン・シンガーもユダヤ系アメリカ人で、ゲイであることを公表しています。彼は映画化の際、ゲイに対する差別の要素も盛り込みました。

『X-MEN2』（2003年）には、ミュータントの少年が父親から「お前は俺の息子じゃない！」と言われ、母親には「ミュータントをやめて、普通の人になれないの？」と言われるシーンがあります。これは、自分の子供が同性愛者だと知った時に親が発する、「同性愛はやめられないの？」という無神経な言葉と同じです。

さらに『X-MEN』シリーズには、体が毛むくじゃらだったり、見た目が常人と違うミュータントも登場し、身体障碍者も含めた、あらゆるマイノリティに対する差別全般を描いた物語になっているのです。

交差する未来と過去

2014年に公開された『X-MEN：フューチャー&パスト』は、映画『X-MEN』シリーズの5作目（スピンオフを含めると7作目）で、タイトルの「フューチャー&パスト」は「未来と過去」という意味です。

物語は2023年、ミュータントを1人1人探し出して抹殺していくロボット「センチネル」が、ミュータントを虐殺しまくり、X-MENも含め世界中のミュータントがほぼ全滅寸前の状況から始まります。

彼らは生き残るために、ミュータント皆殺しのシステムがアメリカ政府に採用される前の時代にタイムスリップし、それを阻止することにします。肉体のタイムトラベルは物理法則に反しているので不可能ですが、X-MENのメンバーである「キティ・プライド」は、人の精神を過去に飛ばすことができる能力を持っています。そこで彼女は、現在のウルヴァリンの精神を1973年の彼の肉体に飛ばして、歴史を変えようとします。

この「心だけのタイムスリップ」は、すごく夢があると思いませんか？ 今の自分の記憶や心を、そのまま10歳のころの自分に移し替えることができるわけですよ！『バック・トゥ・ザ・フューチャー PART2』（1989年）のビフのように株でめちゃめちゃ儲けたり、人生のいろんな失敗を繰り返さないように生き直したいとか、そういう願望は誰にでもあるでしょ？

……という妄想はさておき、ウルヴァリンの心は、2023年から1973年に飛ばされます。1973年といえば、アメリカがベトナム戦争に負けた年です。アメリカはサイゴンから撤退し、ベトナムとの和平協定をパリで結びました。

映画の中では、そこにピーター・ディンクレイジが演じるトラスク博士という人物が現れて、共産主義側と資本主義側の首脳に対して、センチネルを売り込みます。そこでトラスク博士は、こんなことを言います。

「今は国家同士で対立している場合ではない。我々には共通の敵がいる。それはミュータントだ。ミュータントを潰すために我々は手を組まなければならない!」

これは「共通の敵を作れば、敵と味方がなくなる」という恐ろしい理屈です。実際に、ヒトラーはユダヤ人という共通のスケープゴートを作ることで、ソ連や各国にあった反ユダヤ勢力とも手を組んでいます。トラスク博士は、ヒトラーと同じことをやろうとしているわけです。

***

1973年当時のアメリカ大統領はリチャード・ニクソンですが、『X-MEN:フューチャー&パスト』の世界では、マグニートーがケネディ大統領の暗殺犯として逮捕されています。

本作でケネディ大統領は、実はミュータントを守る法律を作ろうとしていたらしい……という話になっていますが、実際のケネディ大統領も、「人種間の差別をなくす法律〈公民権法〉を作って、黒人と白人を平等にしようとしたから暗殺された」という説があります(ケネディ大統領はその法律にサインをする前に暗殺されたため、実際に公民権法にサインをしたのは次のリンドン・ジョンソン大統領でした)。このように『X-MEN』シリーズの背景には、様々な政治的な事実があるのです。

また、クライマックスのマグニートーの演説は、ハーヴェイ・ミルクの演説の緩い引用になっています。ミルクは、ゲイであることを公表しながら政治家になった初めての人ですが、1978年に暗殺されてしまいました。彼の演説の大筋は、以下の通りです。

「医者や弁護士、有名人、社会的に成功している人は、もし自分がゲイであるなら、そのことを世間に表明してください。あなたたちがカミングアウト(ゲイであることを公表)することで、ゲイであることを誰にも言えなくて、辛い思いをしている若い人たちが救われて、希望を持てるのです。これは同性愛者に限った話ではありません。黒人でもアジア人でも身体障碍者でも老人でも、全ての差別されている人、マイノリティにとっていちばん大事なのは、希望なのです!」

人間は、何かにおいて必ずマイノリティです。完全にマジョリティ側の人間など存在しません。「自分は人と違うんじゃないか?」と悩んだり、孤独を抱えたりすることがない人はいないでしょう。だから『X-MEN』は、全ての人が共感する物語になっているのです。

ジェニファー・ローレンスの裸演技

ところで、本作で誰にでも変身できる能力を持ったミスティークを演じるジェニファー・ローレンスは、『世界にひとつのプレイブック』（2012年）でアカデミー主演女優賞を受賞したハリウッドの大スターですが、ミスティーク役では青いトカゲのような肌で、ずっと裸で演技をしています。「アカデミー主演女優賞を取っても、こんな裸仕事をやらされるのか！」と思いましたね。

ウルヴァリン役のヒュー・ジャックマンも、いつもと同じくお尻を見せてくれます。マグニートー役のマイケル・ファスベンダーが、今回は全然脱いでないのが残念ですが。

さらに本作の見どころといえば、常人の何百倍ものスピードで動くことができるクイックシルバーの活躍です。彼が超スピードで動いていると、周りの人は完全に止まっているように見えます。日本には「時間よ止まれ！」というAVシリーズがありますが……。

このクイックシルバーの加速シーンに流れるのは、ジム・クロウチの「タイム・イン・ア・ボトル」。「もし時間を止めることができたら君といる時を永遠にしたい」というロマンチックな歌で、選曲のセンスもいいですね。

03

Django Unchained

タランティーノが暴くアメリカの暗い歴史
ジャンゴ 繋がれざる者

2012年／アメリカ
〔監督〕クエンティン・タランティーノ
〔出演〕ジェイミー・フォックス、クリストフ・ヴァルツ、レオナルド・ディカプリオ、ケリー・ワシントン
ブルーレイ　¥2,381+税
ソニーピクチャーズ・エンタテインメント

暴かれる黒人奴隷虐待の事実

『ジャンゴ 繋がれざる者』は、南北戦争以前、黒人奴隷制度があった時代のアメリカ南部を舞台にした西部劇、いや、南部劇です。

主人公の黒人ガンマン・ジャンゴを演じるのは、『Ray/レイ』(2004年)でレイ・チャールズを演じてアカデミー主演男優賞を取ったジェイミー・フォックス。悪い白人農場主カルビン・J・キャンディを演じているのは、レオナルド・ディカプリオです。『J・エドガー』（2011年）ではFBIの創設者J・エドガー・フーバーに扮して、男性同士のキスや老醜の女装まで演じたディカプリオですが、今回は奴隷を虐待して喜ぶサディストの白人を演じています。

＊＊＊

この映画は、白人達が黒人奴隷を虐待するシーンを延々と見せていきます。南部の農場では、白人の農場主が黒人奴隷を労働力として使い、綿花を育てていました。朝から晩までタダで働かされ、疲れて少しでも手を休めようとしようものなら、白人の監視人は相手が女性や子供であろうと構わず鞭で打ったりします。鞭といっても、日本でSMクラブの女王様が使っているような生易しい鞭ではありません。叩かれると肉が裂けて、骨が見えるような凶器です。

逃げ出そうとすると、追跡者が犬をけしかけて生きたまま食い殺させます。黒人を殺しても、当時はなんの罪にもなりませんでした。「わずか150年前のアメリカ南部では、これほど酷いことが行われていたのか」と戦慄する人も多いでしょう。

アメリカ映画が描かなかったこと

これまでのアメリカでは、南部の奴隷制の実態を描いた映画は『マンディンゴ』（1975年）を除くと、ほとんどありませんでした。ただ『マンディンゴ』の製作者はイタリア人で、それ以前に世界で最初に奴隷虐待の実態を暴いた『ヤコペッティの残酷大陸』（1971年）もイタリア映画でした。監督のグアロティエロ・ヤコペッティは、南北戦争時代にカメラがタイムトリップしたら、どんなドキュメンタリーを撮るか」というコンセプトで偽ドキュメンタリー映画『残酷大陸』を撮りました。

そこで描かれたのは、白人による黒人奴隷に対する徹底的な虐待です。黒人の奴隷たちはアフリカから船に積荷のようにぎっしり詰め込まれて「輸入」されますが、詰め込まれて運ばれる間だけで、200万人もの人たちが亡くなっています。その後、奴隷輸入が禁止されると、南部の州内で奴隷取引が行われるようになりました。白人の奴隷主が黒人女性を次々と犯して子供を産ませ、産まれた子供を売り飛ばします。つまり、奴隷を家畜のように増やす「人間牧場」を作ったのです。そのため、現在、アフリカ系アメリカ人のDNAを調べると3人に1人が白人のDNAを持っています。こうした奴隷制度の実態は、アメリカ人にとっては思い出したくない過去で、隠され続けてきたことです。

『マンディンゴ』はその人間牧場を真正面から描いていましたが、タランティーノは描かなかった。インタビューでそれについて尋ねたら「俺はジェントルマンだから、それを描いたら胸くそ悪くなる。だからパスしたよ」と話していました。

奴隷に対する酷い仕打ちをさんざん見せた後、ジャンゴが「よくもやってくれたな、この野郎!!」とバンバンバンバンバンバンバン銃を撃ちまくり、奴隷主の白人たちを皆殺しにします。ニューヨークで行われた試写では、ジャンゴが鞭を取り上げて白人の監視人をぶっ叩くシーンで、黒人のお客さんたちが「やったー!!」と拍手喝采でした。

タランティーノ監督の映画愛

タランティーノという人は、とにかく映画マニアで、変なものばかり観てる人ですね。『キル・ビル』(2003年)は、三隅研次《みすみけんじ》監督の時代劇『子連れ狼』やテレビの『服部半蔵 陰の軍団』や『柳生一族の陰謀』へのオマージュでしたし、『イングロリアス・バスターズ』(2009年)は、イタリアで作られたB級戦争映画と第二次大戦中にハリウッドで作られた反ナチ・コメディー『生きるべきか死ぬべきか』(1942年)のミックスでした。

＊＊＊

今回の『ジャンゴ 繋がれざる者』では、1970年代にたくさん作られた「ブラックスプロイテーション」映画と、イタリア製の西部劇「マカロニ・ウエスタン」を組み合わせています。

「ブラックスプロイテーション」映画とは、ソウル・ミュージックが流行っていた70年代にアメリカでたくさん作られた、黒人が悪い白人をバンバン殺すアクション映画。一方の「マカロニ・ウエスタン」とは、イタリア人が製作した西部劇のことで、アメリカでは「スパゲッティ・ウエスタン」と呼ばれています(日本では淀川長治さんが「マカロニ・ウエスタン」と名付けました)。

マカロニ・ウエスタンは、設定上はアメリカの開拓時代の西部なんですが、イタリア人のスタッフとキャストがスペインで撮影しています。ジャンゴというタイトルは、フランコ・ネロが主演した『続・荒野の用心棒』（1966年）というマカロニ・ウエスタンの原題から取っています。これが全世界で大ヒットしたので、以降「ジャンゴ」はガンマンの代名詞となって、『皆殺しのジャンゴ／復讐の機関砲』（1968年）、『情無用のジャンゴ』（1967年）、『続・殺戮のジャンゴ ―地獄の賞金首―』（2007年）など、1作目と無関係な、タイトルだけジャンゴの映画もたくさん作られました（3つ目はイタリア映画ではなく、日本のエロゲーですけどね）。

2007年には、三池崇史《みいけたかし》監督が日本版ジャンゴ『スキヤキ・ウエスタン ジャンゴ』を作っています。日本製だから「マカロニ」ではなく「スキヤキ」で、タランティーノが俳優として出演しています。そして『ジャンゴ 繋がれざる者』は、タランティーノが作ったアメリカ版ジャンゴ映画なのです。

映画アヴェンジャー・タランティーノ

自分のための復讐は「リヴェンジ」ですが、他の人に代わって仇《あだ》を討ってあげることを「アヴェンジ」といいます。タランティーノは、歴史の中で酷い目にあった人たちの仇討《あだう》ちを映画でやり続けている映画アヴェンジャーです。

『イングロリアス・バスターズ』は、ユダヤ系アメリカ人の兵士たちがドイツ占領下のフランスに潜入し、ヒトラーも含めたナチス高官たちを皆殺しにする話でした。もちろんこれは歴史的事実ではありませんが、タランティーノの弟分の映画監督イーライ・ロスがユダヤ系で、彼の親戚もホロコーストで虐殺されています。タランティーノは「彼らの恨みを映画の中で晴らしてあげたんだ」と言っています。

実際、アメリカの映画館で『イングロリアス・バスターズ』が上映された時は、ヒトラーの顔にマシンガンの銃弾を浴びせるシーンで、ユダヤ系の観客たちが「やったー!!」と拍手喝采でした。彼の映画は血みどろでありながら、深い正義感に貫かれているのです。

＊＊＊

『ジャンゴ 繋がれざる者』と同じ2012年に公開されたスティーヴン・スピルバーグ監督の『リンカーン』では、「奴隷解放のためにリンカーンがどのように闘ったのか」が北軍側の視点で描かれるので、「なぜリンカーンは奴隷を解放しなければならなかったのか」という理由は描かれていません。

『ジャンゴ 繋がれざる者』では、「南部の奴隷制はどれほど酷かったのか」を見せているので、この2本を観れば、『リンカーン』で彼が奴隷解放のためなら買収も嘘もなんでも利用すると頑張った理由がよくわかります。

とにかくラストはスカっとしますよ！

04

Lincoln

政治とは交渉と妥協である リンカーン

2012年／アメリカ
〔監督〕スティーブン・スピルバーグ
〔出演〕ダニエル・デイ=ルイス、サリー・フィールド、トミー・リー・ジョーンズ、ジョセフ・ゴードン=レヴィット、ハル・ホルブルック
ブルーレイ　¥1,905+税
20世紀フォックスホームエンターテイメントジャパン

政治的天才リンカーン

スティーブン・スピルバーグ監督の『リンカーン』は、黒人奴隷制度を撤廃した大統領、エイブラハム・リンカーンの物語です。タイトルだけ聞くとリンカーンの伝記映画のように思えますが、実際は全然違います。

リンカーンといえば、最も有名なのは1863年に行われた「ゲティスバーグ演説」です。この演説で使われた「人民の人民による人民のための政治」という言葉はあまりにも有名ですが、本作では、この演説シーンがありません。他にも1862年の「奴隷解放宣言」と、1865年に暗殺されたことが有名ですが、これらのシーンも一切ありません。

映画の中では、この歴史上非常に有名な3つの出来事が起こらないのです。また、南北戦争時代を描いた映画でありながら、戦争シーンもほとんどありません。

では一体何が描かれているのかというと、本作は「一切の奴隷制度を禁止する」ことを掲げた「合衆国憲法修正第13条」が、アメリカの下院議会（日本でいう衆議院）で議決されるまでを描く政治ドラマになっています。憲法を修正するには議会で3分の2以上の議員が賛成しなければならないため、リンカーンは議員1人1人の懐柔《かいじゅう》（抱き込み）を、水面下で巧妙に企みます。

「奴隷制度撤廃に賛成してくれたら、君を新しい内閣に登用しよう！」
「あ、なんかここにお金があるな。コレちょっと持ってく？」

＊＊＊

リンカーンという人は、貧乏な家庭に生まれ、丸太小屋で育ち、一生懸命勉強して弁護士になり、大統領になって……とにかく真面目で「正直者エイブ」というあだ名がつくほど誠意あふれる政治家だったそうです。

ところがこの映画では、奴隷制度を撤廃するために、権謀術数《けんぼうじゅっすう》を尽くすリンカーンが描かれています。原作は『Team of Rivals: The Political Genius of Abraham Lincoln（政治的天才リンカーン）』というタイトルの本です。

リンカーンを演じているのは、ダニエル・デイ=ルイスというアカデミー賞の常連俳優。彼は『マイ・レフトフット』（1989年）、『ギャング・オブ・ニューヨーク』（2002年）、『ゼア・ウィル・ビー・ブラッド』（2007年）などに出演していますが、どの映画でも大抵「ブチ切れて人を殴ったり物を壊したりしている危ない男」ばかりを演じていました。

ところが本作では、いつももの静かで、にこやかにジョークを言うリンカーン役です。

完全な平等ではなく、妥協点を探る

修正第13条を議決するために、下院議会で3分の2の票を取るのは容易ではありません。なぜなら当時の連邦下院議員には、3分の1より少し多めの民主党員がいたためです。当時の民主党は、奴隷制度撤廃に反対していました。

ここで「あれ？」と思った人もいるはずです。今のアメリカで民主党というと、バラク・オバマやヒラリー・クリントンといった、いわゆるマイノリティー／有色人種や女性の人権を擁護《ようご》するリベラルな党です。一方で共和党を支持しているのはキリスト教原理主義者など、保守的な白人がほとんどです。

ところが南北戦争の時代は逆で、リンカーンがいる共和党政府は奴隷制度に反対する北軍側、民主党は奴隷制度を続けようとした南軍側でした。つまり、今は当時と状況がひっくり返っているのです。

民主党と共和党のイデオロギーが逆転したのは、１９６０年代に民主党のケネディとジョンソン大統領が南部の黒人に選挙権を与える法律を通したからです。南部の白人たちはこれに怒って民主党を離れ、彼らを取り込むことでニクソンが大統領選に勝ちました。

＊＊＊

リンカーンを困らせるのは民主党だけではありません。タデウス・スティーブンスという共和党議員は「奴隷制度撤廃の最終的な目標は、全ての人種の完全な平等だ」と主張し、一切の妥協を許しませんでした。

スティーブンスを演じているのはトミー・リー・ジョーンズ。日本では缶コーヒーを飲むＣＭでお馴染の人です。トミー・リー・ジョーンズは日本のコーヒー会社から多額のＣＭ出演料をもらって『リンカーン』のようないい映画に安いギャラで出ているわけですから、日本のコーヒー会社はいいことをしていますね！

スティーブンスは、「黒人と白人を〈完全に〉平等にするんだ」と主張しますが、実はそこが問題で、その当時本当に「黒人と白人が平等だ」と思っている人は、「奴隷制度は酷いからやめよう」と言っている人の中にもあまりいなかったのです。奴隷制度の存続を望む民主党側の議員は、こんなことを言います。

「もしこれで奴隷制度を撤廃したら、その後はどうする？　黒人に投票権を与えるのか？　お前らは黒人が大臣になってもいいと思ってるのか？」

今なら「いいに決まってるだろ！」と言い返したくなりますが、当時は黒人が政治に参加するのは白人にとって恐怖だったんです。南部は多数の黒人を少数の白人が支配している状況でしたから、選挙で勝てなくなるわけですね。だから黒人に投票権を与えるかもしれない「完全な平等」には、民主党はどうしても賛成できないわけです。

スティーブンスはこう言います。

「だって、アメリカの独立宣言には〈全ての人間は神によって平等に創られた〉と書いてあるじゃないか！」

そうすると民主党側は「神によって平等に創られたのは白人だけで、黒人は違う！」と言います。それにみんなが拍手をして「そうだ！　イエ〜イ！　さんせーい!!」と応じるシーンは観ていて気分が悪くなってきます。信じられないような人種差別が、わずか150年前には当然のようにあったのです。さらに驚くのは、当時の女性差別です。

「もし黒人に投票権を与えたとして、その次はどうするんだ？　女にも投票権を与えるのか？　バカバカしい!!」

当時は黒人に投票権を与えることよりも、女性に投票権を与える方がもっとバカげたことだと思われていたのです。この映画を観ていると、「やっぱり世の中は良くなったんだなぁ」と思わされます。

そしてリンカーンは、スティーブンスを説得します。

「完全な平等じゃなくて、政治的、法的な平等だけでいいという風に妥協してくれないか？　いつかはあなたの求めている完全な平等も達成されるだろう。でも、今は妥協して欲しい」

これは、「右も左も両方見て両者の妥協点を狙う」というリンカーンの戦略です。本当に大事なことを実現するためには譲歩も必要なんですね。

オバマ大統領とのリンク

オバマ政権時代のアメリカの議会は、オバマ大統領が何か言うと共和党全員が党議拘束で反対するので、決議が前に進まない状態になっていました。だからもうオバマ大統領は妥協してばっかりなので、リベラル派から批判され放題でしたが、この映画が言っているのは「リーダーというのは党や派閥を超えたもので、妥協点を探しながら、本当に大事なことを決定するのが仕事だ」ということです。

リンカーンが本音を話すシーンは、とても感動的です。

「今ここで奴隷を解放すれば、その奴隷の子孫、それこそ何千何万という子供たちが解放されるんだ！　だから絶対に今これを成し遂げなければならない！　そのためだったらどんなことでもする！」

オバマ大統領は決断の指標として「歴史の正しい側かどうか」という言葉をよく使います。その場その場の駆け引きではなく、将来、その判断が歴史の中でどう評価されるかを考えるんだ、ということです。

奴隷制度撤廃に反対した議員たちの名前は、全て記録として残っています。彼らは1000年も2000年も、永遠に笑いものです。全ての政治家は、自分が歴史の中でどう記憶されるかを見極めて、大事なことを決めなければいけません。

＊＊＊

2010年、オバマ大統領は「医療保険制度改革（オバマケア）」法を成立させました。それまでのアメリカには日本でいう「国民健康保険」がありませんでした。一度重い病気に罹《かか》った人は二度と保険に入ることができず、貧しい人や失業者も保険料が高くて加入することができませんでした（僕自身、喘息だったために保険に加入できなかった経験があります）。

この状況を改善するために、オバマ大統領が日本やヨーロッパにあるような国民健康保険を作ろうとすると、共和党から猛反対を受けました。なぜなら、民間の医療保険会社が共和党のバックについていて、公的な医療保険が成立すると民間の保険会社が打撃を受けるからです。

これに対してオバマ大統領は、最終的には「貧しい人、病気になった人など、どうしても民間の保険に入れない人の分だけを国が負担して医療保険会社の保険に入れる法案にして、公的医療保険は作らない」という形に妥協することで、なんとか医療保険制度改革を成し遂げたのです。

スピルバーグ監督の静かなメッセージ

スピルバーグ監督は、「オバマ大統領を支援するために『リンカーン』を作ったわけじゃないよ」と言っていますが、実際のところ、オバマ大統領に選挙資金を寄付しています。

彼は映画に政治的なメッセージをそっと隠すことが多い監督です。２００５年に作った『ミュンヘン』は、ミュンヘンオリンピックでパレスチナのゲリラがイスラエルの選手団11人を襲撃して皆殺しにした報復として、イスラエルの諜報機関モサドがパレスチナのリーダーたち11人を暗殺した事件を描いたものです。

スピルバーグ自身はユダヤ系ですが、『ミュンヘン』でイスラエルの報復を批判したということで、イスラエルから徹底的に叩かれました。

スピルバーグは『ミュンヘン』の最後に、911テロで破壊されたニューヨークの世界貿易センタービルを映しました。それは「殺《や》られたら殺り返せでは、永遠に戦争は終わらない」と示《し》唆《さ》しています。スピルバーグは「イラク戦争反対！」と大声で言うのではなく、ただ黙って観客にツインタワーを見せました。

それがリンカーンみたいにいつも静かに微笑んでいる、スピルバーグらしいやり方なんです。

FURY

05

Fury

フューリー

“良い戦争《グッド・ウォー》”などあり得ない

2014年／アメリカ
〔監督〕デヴィッド・エアー
〔出演〕ブラッド・ピット、シャイア・ラブーフ、ローガン・ラーマン、マイケル・ペーニャ、ジョン・バーンサル
ブルーレイ　¥4,743+税
ソニー・ピクチャーズエンタテインメント

美化されていた第二次世界大戦

先日、イギリスのボービントン博物館に行ってきました。ここには古今東西の戦車の実物が保存されています。第一次世界大戦で英国が開発した世界最初の戦車から、第二次大戦の敵であるナチス・ドイツの戦車、それにソ連の戦車もあります。僕はタミヤの35分の1の戦車のプラモデルで育った世代なので、本当に夢がかないました。

ボービントンに行ったのは『フュー

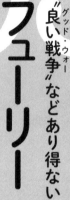

リー』という第二次大戦を描いた映画の取材です。この博物館にあるタイガー戦車が映画に出てくるんですね。

タイトルのフューリー（ＦＵＲＹ）とは主人公たちが乗るアメリカ軍の戦車のニックネームで、日本語で言うと「激怒号」みたいな感じです。

＊＊＊

アメリカでは一般的に、第二次世界大戦はナチス・ドイツを倒した戦争だからということで「グッド・ウォー（良い戦争）」だったと言われています。今までアメリカ側の視点で第二次世界大戦を描いた映画は全て美化されていて、アメリカ軍が英雄として描かれていました。

しかしデヴィッド・エアー監督が『フューリー』で描こうとしたのは、「良い戦争などない」ということです。エアー監督のおじいさんは父方も母方も第二次世界大戦に従軍していて、エアー監督自身も海軍で潜水艦に乗っていました。監督がおじいさんたちに第二次世界大戦で何をしたのかを尋ねると、２人とも「言いたくない」と答えたそうです。

「グッド・ウォー」のはずなのに、なぜ実際に参加した人々が語りたがらないのか。疑問に思ったエアー監督は、アメリカ軍がドイツで何をしたのかを調べました。すると、やはり戦争ですから、倫理的な選択の余地がない状況で、女性や子供を殺すなど、人には言えないような酷いこともしていたとわかったそうです。

戦争末期の極限状態

『フューリー』は、アメリカ軍のシャーマン戦車に乗る5人の戦車兵の物語です。戦車というのは、5人の戦車兵が機械仕掛けのように連携して操縦することで初めて敵と戦えます。戦車内は非常に狭く、戦車兵たちは体をくっつけるようにして操縦します。

ブラッド・ピット演じる「激怒号」の指揮官《コマンダー》は「ウォーダディー（戦争オヤジ）」というニックネームで呼ばれています。機関銃手が死んでしまったため、ローガン・ラーマン演じるノーマンくんという20歳くらいの男の子（童貞）が補充員として送られてきます。戦争の末期で兵士が足りなくなっているため、6週間ほどの訓練を終えたばかりのノーマンのような若者が、いきなり戦場に送られてしまう状況です。

そのころのドイツ軍は崩壊寸前でした。すでにドイツ国内にアメリカ軍が侵攻していたため、ナチス・ドイツは国民全てを兵隊化しました。女性や子供、老人にまでパンツァーファウストという対戦車擲弾筒《てきだんとう》を配り、アメリカ軍を迎え撃とうとしたのです。だから、アメリカ兵にとっては、子供だろうと女性だろうと誰が狙ってくるかわからないわけです。

日本でも戦時中は「進め一億火の玉だ」というスローガンで同じことをやろうとして、沖縄の多くの民間人が犠牲になりました。

＊＊＊

激怒号が進んでいくと、ノーマンは子供たちが森の中を移動しているのを目にします。相手が子供だから撃たないでいると、パンツァーファウストでアメリカ軍の戦車が攻撃されます。パンツァーファウストは高熱のガスで戦車の装甲を破り、車内の乗組員を皆殺しにします。ウォーダディーは子供を見逃したノーマンに怒り狂います。「お前が殺さなければ、俺たちが殺されるんだ！」と。

アメリカ軍に撃たれたドイツ兵たちが倒れていると、ウォーダディーはノーマンに「あれを全部撃て！」と指示します。ノーマンが「でも、倒れてますよ！」と言っても「構わないから撃て！」と叫びます。これは、たとえ倒れて瀕死《ひんし》の兵隊でも近づくと自爆する危険があるためですが、ノーマンはまた「そんな酷いこと、できません！」と拒否します。ついにウォーダディーはノーマンに銃を持たせ、無理やり捕虜を撃ち殺させます。貴様が綺麗なままでいようとすると俺たちみんな死んじまうから、というわけです。本作は、人を殺した経験のない若者に殺人を経験させるところから物語が始まるという、とても恐ろしい映画なのです。

本物のティーガー戦車

この映画最大のセールス・ポイントは、ナチス・ドイツ軍が実際に使用していた本物のティーガー戦車を撮影に使っていることです。これまでに第二次世界大戦を描いた戦争映画はアメリカやイギリス、ソ連で何本も作られていましたが、本物のナチス・ドイツの戦車が映画に出てくることはほとんどありませんでした。

第二次世界大戦でナチス・ドイツは徹底的に殲滅《せんめつ》されたため、戦車はほとんど現存していません。なので戦争映画にティーガー戦車を出す時は、アメリカやソ連の戦車を改造して、ドイツのティーガー戦車に見せかけていました。あのスティーブン・スピルバーグ監督も『プライベート・ライアン』（1998年）の中で、ソ連のT34戦車を改造してティーガー戦車の代わりにしています。

ところが『フューリー』の撮影では、イギリスにあるボービントン戦車博物館が所有しているティーガー1型重戦車を実際に走らせています。これはアフリカ戦線でイギリス軍が鹵獲《ろかく》したものを保管しておいて、修理して走れるようにしたものです。僕はボービントン戦車博物館で、この本物のティーガー戦車を触ってきましたが、体にビリビリと電気が走るような感動がありました。

ティーガー戦車は非常に強力で、アメリカ軍のシャーマン戦車が5台がかりでやっとティーガー1台を倒せるほどに性能が違いました。ティーガー戦車の主砲はもともと88ミリ高射砲で、航空機を撃ち落とすほどの威力を持っています。それを水平に撃つので、たとえ直撃しなくても、砲弾がかすめるだけで衝撃波で人間の首が吹っ飛びます。

対する米軍のシャーマンは小さい戦車です。低コストで造れるため、アメリカ軍は5万台のシャーマン戦車を造り、圧倒的な数の力で、わずか1350台のティーガー戦車に対抗しました。これは、最初から何台かは撃破される前提で戦いを仕掛けているということです。シャーマン戦車1台に5人の兵士が乗り込むので、5台のシャーマン戦車に乗った25人のうち、少なくとも10人を犠牲にして1台のティーガーを仕留めるという酷い戦法なのです。

俳優たちに殴り合いをさせるエアー監督

この映画は1945年4月（ナチス・ドイツが滅びる1ヵ月前）、ドイツ本土にアメリカ軍が入った1日を描いています。ノーマン以外の激怒号の乗組員は、それまでに10ヵ月以上もの間ヨーロッパ戦線を戦ってきたという設定です。そこで俳優たちは、撮影に入る何週間も前から軍服を着たまま野宿をして戦車と一緒に暮らし、完全に兵士の状態になりきって撮影に臨んだそうです。

さらにエアー監督は、「俳優たちも生死を共にしてきた家族のようにならなければならない」と考え、俳優同士で殴り合いをさせました。毎回毎回、毎日のように殴り合いをさせ続け、監督自身も「俺も一体にならなきゃな！」と殴り合いに参加したそうです。インタビューでそれを楽しそうに語るブラピたちを見て、「ほとんどセックスなのでは？」と思いましたね。

ブラッド・ピットが主演した『ファイト・クラブ』（1999年）は、「男は、殴り合いをしなければ本当に自分が生きているかどうか実感できない！」という映画でしたが、『フューリー』は「5人の男が家族になるために延々と殴り合いを続けた」という、ファイト・クラブな撮影現場だったそうです。

デヴィッド・エアーという監督は、もともとロサンゼルスのストリートギャングに囲まれて育ったタフガイです。「戦場での、殺すか・殺されるかという暴力的な精神状態に俳優を追い込んだ」と監督は言っていますが、カメラを回す前にもいちいち俳優たちに殴り合いをさせてテンションを高めたそうです。砲手を演じたシャイア・ラブーフは役に入れ込みすぎて、「顔に傷がない兵士なんているはずがない」と言ってナイフで自分の顔に傷をつけ、前歯を抜いてしまいました。

＊＊＊

そして、この映画のポイントをもう1つ。ブラッド・ピットが脱ぎます！　ブラピは僕より1つ年下（本作が公開された時点で50歳）ですが、ブリッブリのものすごい体でした。「俺も頑張らなきゃ！」と思いましたね。張り合ってもしょうがないんですけど。

06

American Sniper

PTSDで壊れゆくアメリカ軍人
アメリカン・スナイパー

2014年／アメリカ
〔監督〕クリント・イーストウッド
〔出演〕ブラッドリー・クーパー、シエナ・ミラー、ルーク・グライムス、ジェイク・マクドーマン、ケビン・ラーチ
〔原作〕クリス・カイル、スコット・マキューエン、ジム・デフェリス
ブルーレイ　¥2,381＋税
ワーナー・ブラザース・ホームエンターテイメント

160人を射殺した「英雄」？

先日、クリント・イーストウッドにインタビューしてきました。彼が監督した『アメリカン・スナイパー』は、アカデミー賞で作品賞を含む6部門にノミネートされるなど、アメリカで大ヒットを記録。主演のブラッドリー・クーパーは、この映画でアカデミー賞を取るために自分自身で原作の映画化権を買い、プロデュースし、実際にアカデミー

主演男優賞にノミネートされました（この他にも作品賞、脚色賞、録音賞、編集賞にノミネートされ、音響編集賞を受賞）。

タイトル『アメリカン・スナイパー』の「スナイパー」とは狙撃手のことで、本作はアメリカ軍の中でも最強といわれている海軍の特殊部隊、「ネイビー・シールズ」の狙撃手だったクリス・カイルという実在の人物の語りおろし書籍『ネイビー・シールズ最強の狙撃手』（原書房／原題：American Sniper: The Autobiography of the Most Lethal Sniper in U.S. Military History）が原作です。

カイルはイラク戦争において、確認できただけで160人以上の敵兵を射殺したといわれる男です。狙撃というのは、弾を撃った反動でライフルが跳ね上がって照準が外れるため、狙撃手自身は弾が標的に当たったのかどうかを確認できません。なので弾が当たったかどうかは別の兵士が双眼鏡で見て確認するので、160人というのはアメリカ軍が確認した正確な数字だと思われます。

この映画は、アメリカで大論争を巻き起こしました。最も大きな問題となったのは、「160人もの人を殺した狙撃手を、映画でヒーローとして描いていいのか？」ということでした。

戦争賛美か、反米か

クリス・カイル自身は原作本の中で「俺は殺したことをまったく後悔していない。イラクで殺したのは野蛮人どもだ」と言っています。映画の冒頭でも描かれていますが、彼が生まれて初めて殺した相手は女性でした。イラクに侵攻したアメリカ軍に自爆テロを仕掛けようとした、爆弾を持った女性を射殺したのです。映画の中ではさらに強烈なことに、女性の子供も一緒に殺しています。テロを仕掛けようとしていたとはいえ「女子供を殺した男を英雄と呼べるのか?」ということだったのです。

＊＊＊

『華氏911』（2004年）という反イラク戦争のドキュメンタリーを作ったマイケル・ムーア監督は、この映画に対してTwitterで「狙撃手っていうのはズルい奴だ。そんな奴は英雄じゃない」という内容のツイートをして、炎上しました。狙撃手というのは、敵兵に気づかれないように遠くから撃つことが任務ですが、ムーア監督は「安全圏から人を撃つ奴は英雄じゃない」と主張したわけです。

そもそも、イラク戦争は完全なイカサマの動機によって始まった戦争です。当時の大統領であったジョージ・W・ブッシュが「アメリカ同時多発テロ〈911テロ〉の黒幕はイラクで、イラクは大量破壊兵器も持っている!」と主張して実際に攻め込んでみたら、イラクと911テロはなんの関係もなかったうえに、大量破壊兵器も見つからなかった。戦争の口実はブッシュ政権のでっち上げだったのです。

ところが、映画『アメリカン・スナイパー』では、主人公のカイルが911テロのニュースをテレビで観ているシーンがあり、次のカットでは彼が兵隊としてイラクに侵攻しています。これを観た観客は「911テロの犯人はイラクだった」という間違った印象を受けてしまうため、このシーンは「ブッシュがでっち上げた侵略の口実を補強している」ということで、強く非難されました。

それに対して、イラク戦争やブッシュ政権、共和党を擁護する保守的な人たちは「これは英雄の映画だ。批判する奴はアメリカから出て行け！」と言い、2008年の大統領選挙で共和党の副大統領候補だったサラ・ペイリンはものすごく保守的な政治家ですが、ペインも「この映画を批判している奴らはみんな左翼どもです！　こいつらは、クリス・カイルの靴を磨く資格もない非国民です！」と騒いでいます。

『アメリカン・スナイパー』を巡って、「この映画を批判する奴はみんな反米なんだ！」という右派の主張と、「この映画は大量虐殺をした男を英雄扱いして、イラク戦争を擁護している危険な映画なんだ！」という左派の主張がぶつかり合って、激しい対立が起こったわけです。

この現象は、日本での『不屈の男 アンブロークン』（2014年）への反応とも重なります。これは第二次大戦中の米兵捕虜を日本人が虐待した実話の映画化なので、「反日映画」とされて日本公開が遅れました。

壊れていく男

『アメリカン・スナイパー』で、ブラッドリー・クーパー演じるクリス・カイルが、とにかく最初から最後までイラク兵をバンバン撃って殺しまくりますが、実は正しい人物としては描かれていません。

だから、『アメリカン・スナイパー』に対して、「戦争を賛美している」と言っている人も「賛美して何が悪いんだ!?」と言っている人も、どちらも間違っています。この映画は戦争をまったく賛美していないし、主人公は英雄でもありません。本作は、戦争の狂気で壊れていく男の物語なのです。

クリス・カイルは、戦争中に4回ほどイラクからアメリカに帰国しています。カイルが家に帰るたびに、彼の奥さんは「この人、おかしくなってる」ということに気づきます。原作本にも「旦那が帰ってきたけど、様子がおかしい」という奥さんのコメントが入っているので、これは映画の脚色ではありません。

カイルが具体的にどうおかしくなるかというと、まず大きな音に過剰反応するようになります。家の外で少しでも大きな音が鳴るたびにビクッと驚いたり、犬に吠えられると、その犬を殺そうとします。また、車で走っている時、後ろに別の車がついてくると、心臓の鼓動が速くなります。つまり、常に命を狙われる戦場に長くいたために精神が過敏になり、いつもビクビクしている状態になっているわけです。

さらにカイルは、怒りをコントロールすることができなくなってしまいます。娘が生まれたので産婦人科病院に行くと、泣いている娘から目を離した看護師に対して「なぜうちの娘を放っておくんだ！　なぜ放っておくんだっ!!」と怒りを爆発させます。カイルを演じているブラッドリー・クーパーは、『世界にひとつのプレイブック』（2012年）でも双極性障害で怒りをコントロールできない男を演じてアカデミー賞にノミネートされたほどで、今回も迫真の演技を見せています。

＊＊＊

原作にはさらに恐ろしいことが書かれています。カイルは不安に苛《さいな》まれて心臓の鼓動や脈拍、血圧がおかしくなった時、銃に触ると異常な脈拍が正常に戻るため、家に帰って寝る時も肌身離さず銃を持っている状態になったそうです。これは、典型的なＰＴＳＤ（心的外傷後ストレス障害）で、イラク戦争に行った2割の兵士に同じような症状が出ているといわれています。

イラク・アフガン戦争が始まってから10年以上経ちますが、その間アメリカ国内では、ＰＴＳＤが原因の無意味かつ無差別な殺人事件が150件以上起こっています。つまり、**ＰＴＳＤに苦しむ人たちが怒りをコントロールできない状態で拳銃を肌身離さず持っている**ので、カッとなった時にすぐに発砲してしまうのです。そして被害者の多くは、彼らの奥さんたちです。

『アメリカン・スナイパー』は、お葬式のように本当に暗く終わります。160人もの人を殺してきた主人公は、最終的にどうなってしまうのか。具体的にどうなるのかはここでは伏せますが、イーストウッド自身の言葉を借りて言えば「彼は運命につかまった（Fate took him）」ということです。

実際に映画を観てもらえば「運命につかまる」という言葉の意味がわかるはずです。「えっ!?」というような突拍子もない終わり方をしますが、これは実際にあったことなのです。

ＰＴＳＤとイーストウッド

イーストウッド監督は、ＰＴＳＤに大きな興味を持っていました。

イーストウッドが以前監督した『父親たちの星条旗』（2006年）という映画は、第二次世界大戦の「硫黄島の戦い」に勝ち、星条旗を掲げた3人のアメリカ軍兵士が主役の話ですが、彼らもまた、硫黄島の戦争が終わってから何年経っても心の傷が癒えず、3人のうちの1人は酒に溺れて野垂れ死んでしまいました。

第二次世界大戦の当時、PTSDという言葉自体はまだありませんでしたが、イーストウッドは「病名がなかっただけで、昔からPTSDはあるんだよ。第二次世界大戦よりも前からね」と語っています。

同じくイーストウッド監督の『グラン・トリノ』（2008年）では、イーストウッド自身が、朝鮮戦争で大量の中共や北朝鮮の兵士を殺した元軍人を演じています。主人公は戦争による心の傷が癒えず、他人や家族にも心を開くことがないまま老人になってしまいます。

戦争映画ではなく西部劇ですが、『許されざる者』（1992年）の中で、主役の老ガンマンを演じているイーストウッドが言うセリフは、非常に重要です。

「人を殺すっていうのは地獄なんだよ」

これが、イーストウッドの映画のテーマを象徴しているんです。彼は一貫してPTSDを描いてきた監督で、その姿勢は本作でも同じです。イーストウッドの映画をちゃんと観ていれば誤解するはずはないのに、戦争賛美映画だと勘違いしているアメリカ人たちはなんなんだろう？　右も左もバカばっかり！

イーストウッドは映画界に入ったばかりのころ、第二次世界大戦で兵士として200人以上の敵兵を殺した西部劇俳優、オーディ・マーフィに会ったことがあるそうです。マーフィは英雄視されていましたが、やはりPTSDに苦しめられ、暴力事件を起こしています。そしてPTSDという言葉がないころから、兵士のトラウマへの理解と救済を訴えていました。

イーストウッドは自分がプロデュースする映画『ダーティハリー』(1971年)で、そのマーフィを戦争帰りの連続殺人鬼スコルピオ役にキャスティングしようとしました。マーフィは飛行機事故で亡くなってしまいましたが。

相手のことを徹底的に調べれば、戦争なんかできない

イーストウッドは政治的に、右からも左からも叩かれ続けている人です。例えばオバマ大統領の再選時には、オバマのライバルだった共和党側のロムニー大統領候補の応援演説をしていたので、共和党側なのか？　と思えば、イラク戦争には反対していたり。

今回、インタビューで本人から直接聞いたことですが、彼はこんなことを言っていました。

「とにかくイラク戦争には反対だ。アフガン戦争にも反対だった。〈攻め込む前に、よくよく調査したのか？〉と思ったよ。アフガンに攻め込んで支配に成功した国はないんだよ。ソ連も結局はアフガンを征服できなかっただろう？　私はね、映画を作る時にはものすごく調査をする

んだよ」

イーストウッドは『父親たちの星条旗』を作る時に、敵である日本軍の硫黄島守備隊について徹底的に調べたそうです。すると、「硫黄島守備隊は、全員が全滅することはわかっていたのに戦おうとした。しかも彼らはバカではなく、守備隊の中にはアメリカで勉強したインテリが2人もいた」と知り、「なぜ彼らは死を選んだのか？」ということにものすごく興味を引かれたそうです。

日本側の考え方を徹底的に調べたイーストウッドは、『硫黄島からの手紙』（2006年）という、「硫黄島の戦い」を日本軍側の視点で描いた映画を作りました。

イーストウッドとは、そういう人です。彼は「相手のことを調べて、調べて、徹底的に調べていくと、憎むことなんかできない。戦争なんかできないんだ」と言っています。

今なお、イラクの大混乱は収束していません。イラク戦争は、結局ISISという組織を生み出しました。アメリカがイラクに攻め込まなければ、ISISは生まれなかったのです。

07

In This Corner of the World

この世界の片隅に

市井《しせい》の人から見た戦争の脅威

2016年／日本
〔監督〕片渕須直
〔声の出演〕のん、細谷佳正、稲葉菜月、尾身美詞、小野大輔、潘めぐみ
ブルーレイ　¥4,800+税
バンダイビジュアル

クラウドファンディングによるファン製作の映画

2016年度の映画で僕がいちばん心を動かされたのは、『この世界の片隅に』です。原作はこうの史代《ふみよ》さんのマンガのアニメーション映画化で、第二次世界大戦中、作者の出身地でもある広島から、軍港呉《くれ》市に嫁いだ18歳の「すず」という女の子の日常を描いた物語になっています。

戦争を1人の女性の日常から描くというと、

ゆったりしたドラマを想像しがちですが、『マッドマックス 怒りのデス・ロード』（2015年）並みのテンポでストーリーが展開していきます。

監督の片渕《かたぶち》須直《すなお》さんは、本作の前に『マイマイ新子と千年の魔法』（2009年）というアニメーション映画を手掛けています。メディアでほとんど取り上げられないままひっそりと公開されましたが、口コミで評判が広がっていき、最終的にはロングラン作品になりました。

『この世界の片隅に』は、クラウドファンディングで募った資金でまず短編のパイロット版を作り、それで製作費を集めました。TBSラジオもパイロット版を観て出資しています。本作はファンの草の根ファンドによる手作り映画でもあります。

＊＊＊

主人公のすずは、おっとりした……トロいともいえるほどの女の子。ふんわかした雰囲気でふんわりと笑います。家事で失敗した時の「ありゃ～」という表情が実にかわいいいんです。

すずの声を担当しているのは『あまちゃん』で活躍した能年玲奈《のうねんれな》さん。今は事務所から能年の名前を使うのを禁じられて「のん」と改名しましたが。彼女の演技は本当にすずと一体になっていて、アニメじゃなくて俳優がそこにいて演じているように自然です。広島弁といえば『仁義なき戦い』ですが、ここでは逆にすごく優しい言葉に聴こえます。

海軍の街、広島県呉市

すずが15歳の時、1941年に太平洋戦争が勃発《ぼっぱつ》します。その3年後、18歳になったすずは、彼女に一目惚れした青年と結婚することになります。広島市から少し離れた呉市に嫁入りするすずですが、本当にボケていて、自分が嫁入りする先の住所も覚えていない始末です。自分が誰に結婚を申し込まれているかもわかっていないのに、ニコニコと笑いつつ「困ったなあ～」なんて言いながら、どんどん状況に流されていくのです。

本作の魅力は風景の美しさにあります。呉市は海軍の街で基地もあり、工場や軍港もあるところですが（戦艦大和もここで造られました）、瀬戸内の風景がとても美しく描かれます。

すずは絵を描くのが大好きです。ほんわかと淡い色で、線も人の体のように柔らかく、とても綺麗です。この映画の風景も、彼女が水彩画で描いたタッチで描かれています。

戦争が激化する前のクリスマス、広島市の中心部にはデパートがあって、サンタクロースの人形があって、おもちゃがあって、お菓子があって……。監督は当時の街並みを描くにあたり、実際の写真だけではなく、当時住んでいた人たちに取材をして、全て本当にあった通りに再現しているのです。各商店や、そこで働く人々もただのモブ（群衆）ではなく、存命している人たちに取材して、わかる限り特定して描いているそうです。片渕監督の凄まじいこだわりです。

動物の描写もリアルです。作中の風景を注意深く見ていると、ヒバリが鳴きながら空を飛んでいったり、白鷺《しらさぎ》がいたり、虫がたくさん出てくることに気がつきます。アリンコ、トンボ、ミツバチ、チョウチョ、カブトムシなども出てきますが、それは全て演出で、シーンの裏の意味を持たせてあります。僕はこの映画を3回見直しましたが、観るごとに新しい発見がありました。

例えば、家に砂糖の備蓄がなくなるシーンでは、木の幹で樹液を吸うカブトムシが一瞬映ります。そのシーンが意味するのは、「戦時中、カブトムシは蜜を舐めているのに、なぜ人間は砂糖も食べられない状況なのか」という問いかけです。また、銃弾が飛び交う中、人間同士の戦争とは関係なくチョウチョやトンボが楽しく飛ぶ風景が描かれています。

悲惨な状況を前向きに生きるキャラクターたち

戦争で食料が欠乏していきますが、すずさんは、あえて明るく楽しく生き抜こうとします。家庭では食べ物が底を尽き、道端の雑草を料理しなければならないような状況になります。しかし彼女は、すごく楽しげに工夫して料理にいそしみます。

印象的な1シーンは、まな板をあごの下に入れてバイオリンを弾くようにしてトントントントン……と、切っていくところ。食材は道端のタンポポと、大根の皮と、梅干しの種。地獄の飢餓《きが》状態なのですが、そんな状況を楽しむことでサバイバルしようとするのです。その明るさで戦争の悲壮さと闘っているんです。

戦時中、スイカやキャラメルは贅沢品として禁じられていました。スイカの種を植えれば作れるのですが、贅沢品だから植えることすら禁じられてしまいます。そんな状況で、すずはスイカやキャラメルを絵に描きます。絵を描くことが大好きな彼女は、なんでも辛いことは絵にしていってその辛さを乗り越えていきます。すずが描いた絵を観て、みな、「美味《おい》しそうだね」と微笑みます。

ＮＨＫの朝ドラだと、戦後民主主義の後知恵で「戦争は嫌だ」というメッセージをヒロインが言葉で語ったりしますが、この映画では最後の最後まで、そのようなセリフを登場人物が口にすることはありません。言ってしまってはおしまいだから。それがリアルなのです。

超リアルな兵器描写

それでも、これは戦争映画です。兵器や戦闘の描写は徹底的にリアルです。

呉に飛来した米軍機を戦艦が高射砲、高角砲で撃ち落とそうとします。空中で爆発した砲弾の破片で敵機を落とそうとするのですが、破片は地上に降り注ぎ、瓦を打ち破る様が非常に恐ろしく生々しいです。

戦艦大和が出てくると、「乗組員は２７００人ね」というセリフがあります。何気ない会話のシーンとして描かれていますが、これは「戦艦大和が撃沈されて２７００人もの人間が死ぬのだ」ということを示唆しています。戦艦大和が辿る運命を知っていると、このセリフが重く響くはずです。

＊＊＊

米軍のB29爆撃機は高空飛行をするのですが、あまりにも高すぎて日本軍の戦闘機はそこまで上がれず手を出せない。そして、飛行機雲をたなびかせ、銀色に輝くB29を見て、すずは「あれは初めて見る!」と言います。片渕監督はこのB29について、認識番号から乗務員の名前まで把握しています。

片渕監督はもともと銃器描写のリアルさで定評のある人です。彼は『魔女の宅急便』(1989年)の企画時の監督でもあり、メルヘンチックな映画も得意とされていますが、一方で『BLACK LAGOON』(2006年)というリアルな銃撃戦アニメも監督しています。しかも、空撃戦ゲームの代表格『エースコンバット』のアニメも監督しているほどの航空マニアなので、本作でものどかな生活の雰囲気と機銃掃射のシーンが同じように緻密に描かれています。

1945年8月6日

呉に対する米軍の爆撃は日に日に苛烈を極めていきます。作中では日付を振って爆撃の様子を描いていますが、その日付と天候、爆弾の数、被害状況、全てが史実通りに再現されています。

毎日のように空襲が続くと、明るく暮らしてきたすずさんたちも次第に笑顔を失い、大事なものを失い、大事な人たちも失っていきますが、空襲は終わりません。

そして1945年の夏、すずは「呉はこんなに爆撃されて大変だ。実家のある広島市に帰った方がいいよ。8月

6日はお祭りだから」と言われます。このセリフを聞いた瞬間に観客はゾッとします。1945年の8月6日に広島で何が起きるのかを知っているからです。

***

兵隊として戦場に行く若者に対して、みんなが「おめでとう！」「バンザイ！」と言います。「おめでとうじゃねえだろう！　死にに行くんだよ！」と言いたくなりますが、それは作中のキャラクターもわかっていることです。みんな本当の気持ちを隠して耐えているんです。

この映画は、戦争映画なのに、人前で泣くシーンがほとんどありません。戦争で人が死んだ時に泣くのは反戦になってしまうから、当時は人前で泣くことが許されなかったのです。

それでも、とうとうすず本人の口から「なぜ暴力に屈しなきゃいけないの！」という叫びが出る瞬間が訪れます。世の中の何にも逆らわない子だったすずに、戦争はそこまで言わせてしまうものなのです。

悲しくてやりきれない

本作の主題歌にも、すずの叫びと同じメッセージが込められています。コトリンゴが歌う「悲しくてやりきれない」の原曲は、1968年にザ・フォーク・クルセダーズというフォークバンドが作った曲です。「悲しくてやりきれない」は、同バンドの「イムジン河」という曲が発売中止になったため、代わりに急遽《きゅうきょ》作られました。「イムジン河」は北朝鮮を流れる実際の川の名前で、南北朝鮮の分断について歌っているので、レコード会社が政治的な論争を呼ぶ危険を配慮して発売を自粛《じしゅく》したのです。

「イムジン河」の代わりにすぐ曲を作れと言われてザ・フォーク・クルセダーズが作った曲が、「悲しくてやりきれない」でした。この曲は「なんで政治が絡んで歌が歌えないんだ？」という彼らの悲しい思いを込めて歌われています。こんなに綺麗な空。こんなに綺麗な雲。自然はこんなに美しいのに、悲しくてやりきれない。この悔しさ、虚しさに救いはないのか？　この悲しみはいつまで続くの？　と。歌詞がそのまま、すずの心の叫びを象徴しています。

『この世界の片隅に』というタイトルには、「この世界の片隅に、ほんの小さな居場所があればいい」という意味です。すずは絵さえ描ければ幸せだった。そんな女の子の小さな居場所さえ奪おうとしたのが、戦争だったのです。芸能界で、本名さえ奪われたのんさんにも重なるところです。

最後になりますが、この作品に2016年の日本レコード大賞、ではなく「町山大賞」を授与したいと思います！　なんの権威もありませんが……。

08

World War Z

ワールド・ウォーZ

ゾンビに託して描かれる虚構と現実

2013年／アメリカ
〔監督〕マーク・フォースター
〔出演〕ブラッド・ピット、ミレイユ・イーノス、マシュー・フォックス、デヴィッド・モース
ブルーレイ　¥2,500+税
株式会社KADOKAWA　角川書店

ブラッド・ピッドは敏腕映画プロデューサー

『ワールド・ウォーZ』のZはゾンビのZで、要するにゾンビ映画なんですけど、日本の宣伝では隠されていますね。ゾンビ映画というとお客さんが限られるから。ブラッド・ピット製作・主演の超大作だから、広く一般に売りたいわけですよ。

ブラッド・ピットは「プランBエンターテインメント」という映画会社の社長さんで、

自身の出演作の他にも、カルトなスーパーヒーロー映画『キック・アス』（2010年）や、アカデミー作品賞に輝いたレオナルド・ディカプリオ主演のギャング映画『ディパーテッド』（2006年）などもプロデュースしています。ブラピが俳優としてだけでなく、映画目利きとしても優れていることがわかります。

彼がプロデューサーと主演を務めた『マネーボール』（2011年）は、メジャー・リーグの貧乏チーム「オークランドA's」を、ブラピ演じるゼネラルマネージャーがお金をかけずに立て直す実話でした。この原作本にあたる『マネー・ボール』（マイケル・ルイス著／早川書房）は、「低コストで優れた人材を集めて、確実に利益を上げる」ノウハウについて書かれた、ほとんどビジネス書でした。

プランBエンターテインメントは、この原作本を映画化するにあたり「苦境に立たされた男が奮闘し、革命を起こすまでの物語」へと見事に作り変えたのです。

＊＊＊

『ワールド・ウォーZ』の原作本も物語ではありません。原作『WORLD WAR Z』（マックス・ブルックス著／文藝春秋）は、全世界にゾンビが大量に発生してしまった世界で生き残った人々の証言を集めた、架空のインタビュー集になっています。プランBエンターテインメントは、これを苦労して物語にし、撮影を中断しては撮り直しを繰り返し、やっとの思いで映画を完成させました。

『WORLD WAR Z』の著者マックス・ブルックスは、『ゾンビサバイバルガイド』（エンターブレイン）という本も書いています。これは「ゾンビがいる世界で書かれた、生き残るためのマニュアル」という冗談本で、大ベストセラーになりました。『WORLD WAR Z』は、この『ゾンビサバイバルガイド』の続編にあたります。

「ゾンビの数」が史上最大

『ワールド・ウォーZ』は「史上最大のゾンビ映画」といわれています。今までのゾンビ映画は、限られた空間や特定の地域などでゾンビが発生するというパターンが多かったのですが、本作は全世界でゾンビが同時発生するんです。スケールが大きいので、製作費もゾンビ映画史上最高クラスの200億円となりました。

そもそも作り手側から見たゾンビ映画のメリットは、低予算で作れるところなんですよ。『桐島、部活やめるってよ』（2012年）でも、神木《かみき》隆之介《りゅうのすけ》くん演じる映画部の高校生がゾンビ映画を撮りますが、血糊があれば誰でもゾンビになれてしまう。それにわざわざ莫大な資金を投入したのが本作なのです。

しかも、本作はゾンビ映画にもかかわらず、流血表現がほとんど出てきません。残酷描写を省《はぶ》いてレイティング（鑑賞する際の年齢制限）を下げることで、観客の幅を広げないと製作費が回収できないからです。もともと本作のクライマックスはロシアでのゾンビとの血みどろ大戦争だったはずなのに、実際に撮影してみたらグロすぎてR指定になってしまうので、クライマックスを全部撮り直すことになったのです。

撮り直しのコストも含めて200億円という莫大な製作費がかかってしまったのですが、その費用を捻出するため、ペプシコ（ペプシコーラの会社）にスポンサーになってもらったのでしょう。不自然なタイミングでいきなりペプシコーラのタイアップが入り込んできます。ブラピはけっこう商売上手ですね。

ゾンビは伝染病のメタファー

ブラピが演じる主人公のジェリー・レインは元国連職員で、アフリカやアジアの内戦地帯に赴いて紛争を解決するプロフェッショナルです。子供ができたことをきっかけに血なまぐさい現場から離れ、子育てに専念しようとしていたところをゾンビに襲われてしまいます。

物語の冒頭から、すでに街中にはゾンビがあふれています。ゾンビに咬《か》まれた人間は、わずか12秒でウイルスに感染してゾンビ化してしまうため、生きている人間と変わらない俊敏さでゾンビが襲いかかってきます。自動車に乗っていても、ゾンビが猛スピードで体当たりしてきてフロントガラスを突き破ってきます。

ジェリー一家は国連のツテで救助され、アメリカ軍の空母に避難しますが、ジェリーは家族の安全と引き換えにゾンビ現象の解決手段を探すよう要請を受けます。奥さんと2人の娘を守るために、彼は嫌々ながらゾンビの解決法を探して世界中を駆け巡ることになります。

医療知識のバックアップ役として、優秀なウイルス学者がジュリーに同行しますが、なんと最初の目的地である韓国に到着してすぐ、ドジを踏んで自分で自分を撃って死んでしまいます。ゾンビの対策手段を探すことが目的なのに専門家が真っ先に死んでしまい、ジュリーはいきなり窮地《きゅうち》に立たされます。

このゾンビ化現象は、全世界同時にものすごい速度で伝播《でんぱ》していきます。ゾンビへの対抗手段がないため、世界中がパニックになり、ゾンビに占領された都市を丸ごと滅ぼす核攻撃まで起こります。このくだりを見ると、ゾンビは現実の伝染病のメタファーのように思えてきます。

作中で、1918年に大流行して5千万人近くが死亡した「スペインかぜ」に言及するセリフがあります。このセリフは、海外に行く交通手段が船しかなかった当時でも5千万人死んだのに、飛行機のある現代で伝染病が拡大したらどれほどの被害になるのか……ということを示唆しています。

壁に隔てられた安全地帯

世界中で1カ所だけ、ゾンビウイルスに侵されていない安全地帯がイスラエルにありました。イスラエルは、長さ約700キロの壁でパレスチナ自治区を隔離しています。この壁は、もともとヨルダン川の西側に住んでいたパレスチナ人を、首都エルサレムのある東側に入れないようにするためのものですが、この壁があるため、イスラエルの首都部にだけはゾンビが侵入できずにいたのです。

しかしそこに着いた主人公たちが見たものは、バラバラに行動していたゾンビたちが集団行動を取る姿でした。ゾンビたちはお互いに折り重なりながら山になり、ついには壁を越えてしまいます。予告編やポスターにも使われているこのシーンは、本作の本質を現しています。

イスラエルの壁の東側に住む人々は富裕層ばかりで、壁の内側には高層ビルが建ち並び、観光客も訪れ、高級ブティックやレストランもあります。その反面、壁の西側に住むパレスチナの人々は、非常に貧しい環境に押し込められています。

映画版に中国は出てきませんが、原作では中国の状況についても触れられています。中国の都市部と農村部では貧富の差が激しいのですが、農村出身者は都市部に自分の意思で移住することはできません。田舎の人々が水道も電気もない寒村に住んでいる一方で、都市部では一部の富裕層が高級マンションに住み、フェラーリを3台持っている……という状況なのです。

世界各地で貧富の差は広がるばかりです。『ワールド・ウォーZ』の向こうにはそんな現実が透けて見えます。

ブラピの実人生とのリンク

『ワールド・ウォーZ』に反映されているのは社会問題だけではありません。ブラピの奥さん（映画公開当時）のアンジェリーナ・ジョリーは、UNHCR（国際連合難民高等弁務官事務所）から正式に親善大使に任命され、世界各地の紛争地域を訪ねて難民の人々を支援しています。歴訪にはブラピ本人も同行していました。また、本作でブラピが身に着けている衣装は彼がオフの時に着ている私服に近く、髪形や髭も本人の普段着の状態に限りなく近くなっています。

劇中で両親を失った男の子を引き取るシーンがありますが、現実のブラピ夫妻も、カンボジアなどで難民の子供を引き取って養子にしています。さらに主人公は「仕事を辞めて、子育てだけしていたいよ」と言いますが、ブラピ本人もそういう人なんですよね。取材で実際に会って話してみると、映画のことより子育ての話ばかりで。そんな風に、いろいろと「これ、主人公はブラピ本人じゃないの？」と感じさせられる部分が多いですね。

さらにいえば、ブラピは世界各地で大勢のファンやパパラッチが、それこそゾンビのように群がってくる生活を送っているはずです。現実世界ではどうにもできない彼らを、映画の中で殺しまくってウサ晴らししたのかもしれませんね。

09

Where To Invade Next

外国に無関心なアメリカ人

マイケル・ムーアの世界侵略のススメ

2015年／アメリカ
〔監督〕マイケル・ムーア
〔出演〕マイケル・ムーア
ブルーレイ　¥1,800+税
ソニー・ピクチャーズエンタテインメント

世界一有名なドキュメンタリー監督

マイケル・ムーアは、世界一有名なドキュメンタリー映画作家です。彼の映画で最も有名なのは『華氏９１１』（２００４年）。これは２００４年当時、ブッシュ政権下で行われたイラク攻撃に真っ向から反対したドキュメンタリーで、世界のドキュメンタリー映画史上最大級のヒットとなりました。

公開当時、「イラク攻撃は正しい」と主張している人が多かったため、この映画は日本でもアメリカでも賛否両論でした。実際のところ、イラクは911テロや大量破壊兵器とは無関係だったので、戦争の理由自体が否定されました。開戦から10年以上経った今なお内戦状態が続いているので、これは完全に間違った戦争だったわけです。

＊＊＊

そんな『華氏911』を作った彼が2016年に公開した映画のタイトルは『マイケル・ムーアの世界侵略のススメ』。「世界侵略」とあるように、本作はマイケル・ムーア自らが「侵略者」に扮して、ヨーロッパ諸国を訪ねて「その国からアメリカに奪うべきものがあるのか」を探るという形式ですが、実際には、ヨーロッパ諸国の素晴らしい政策をアメリカ人に紹介する映画になっています。

多くのアメリカ人は外国に無関心

ムーア監督はまずイタリアに行き、国民の労働状況を調べます。イタリア人は、1日8時間以上は絶対に働きません。しかも昼休みが2時間もあるので、労働者は家に帰ってのんびり昼食を取ります。また、国が定めた有給休暇が最低でも35日間あるのでゆっくり海外旅行ができるし、さらに子供ができたら男性でも有給で2週間休める……といった事実が判明します。

アメリカには、そもそも国が定めた有給休暇がありません（日本でも国が定めた有給休暇はあるものの、ほとんど使われていませんね）。

ムーア監督は次にフランスに行きます。小学校を訪れると、栄養士がバランスの取れた給食を出しています。日本人には当たり前に思えますが、アメリカでは学校給食にジャンクフードが使われているのです。これは、栄養士がジャンクフードの大手企業と癒着《ゆちゃく》しているからです。ミシェル・オバマ元大統領夫人がこれを改善しようとしましたが、ジャンクフード会社がその改善事業に出資することでコントロールしてしまいました。

ではなぜムーア監督は、この映画を作ったのでしょうか？　それは、基本的に外国に興味がないという多くのアメリカ人の気質と関係があります。

例えば、多くの日本人は「イタリアではこうだよ」「フランスではこうなんだよ」と言われると、「日本は遅れているなぁ。なんとかしなきゃ！」と考えます。ところが、アメリカ人にはそういう気質がまったくありません。外国で何があっても「アメリカは世界一グレートな国だから、他の国の真似なんかしない！」と考えて気にしないのです。これは、アメリカ独特の例外主義（エクセプショナリズム：Exceptionalism）といわれる考え方で、その根幹は「アメリカは神が我々に与えた約束の地で最終的なゴールだから、これ以上先はない」という非常に宗教的なものです。

さらに多くのアメリカ人は外国そのものに興味がないので、一生の間に海外旅行に行く人はアメリカ人全体で2割ほどしかいません。

＊＊＊

ムーア監督は2007年に『シッコ』というドキュメンタリー映画を作りました。「シッコ（SiCKO）」とは「病気」という意味で、内容は「アメリカ以外の国には大抵、国民健康保険がある」ということをアメリカ人に教えるものでした。

アメリカには国民健康保険がなかったので、貧しい人々は病気に罹ると、高額な医療費を払えずにそのまま死んでいくだけでした。2010年、オバマ大統領が闘いの果てにやっと国民全員に医療保険を与えられる法律を作りましたが、その3年前に撮られたのが、映画『シッコ』だったわけです。

『マイケル・ムーアの世界侵略のススメ』は、医療保険以外の分野にまで視野を広げ、井の中の蛙《かわず》にすぎないアメリカ人に世界の現実を見せて「これでもアメリカは世界一偉大な国なの？」と問いかけていきます。

フィンランドの教育、ノルウェーの刑務所

フィンランドは小学校から大学卒業までの教育費が無料で、子供たちの学力が世界一高い国です。公用語のフィンランド語、スウェーデン語以外に英語が話せるのは常識で、全員が当たり前のように英語を使っています（アジア諸国でも、日本以外の大卒の人たちはほとんど全員英語を話すことができますけどね）。

一方アメリカでは学費が大幅に値上がりしていて、現在国民の29％が親よりも学歴が低くなっているという問題があります。親は大学に行けたのに、子供は大学に行けないというケースが29％。国民の3分の1に迫っています。

ポルトガルには、覚醒剤やマリファナといった薬物を「個人的な所持や使用においては罪に問わない」という法律があります。その法改正のおかげで薬物中毒患者が激減しました。なぜなら、薬物中毒者がみな堂々と病院に行くようになったからです。薬物使用が犯罪である場合、中毒になってもおおっぴらにできず、誰にも相談できないので治療もできません。これを非犯罪化することで、中毒患者は堂々と治療を受け、家族にも相談できるようになったわけです。

さらにポルトガルでは、薬物使用者を罪に問わないので、裁判費用や警察の費用、刑務所の費用がゼロになりました。アメリカでは覚醒剤使用で逮捕された多くの人が刑務所に入っており、彼らのために税金が使われている状態です。今、アメリカで大麻を解禁しようという動きがあるのは、大麻を使用した人の逮捕や裁判にかかる税金をカットするという目的があるからなのです。

ノルウェーでは死刑制度が完全に廃止されており、無期懲役もありません。刑務所では罰を与えるのではなく、刑期を終えた後にどうやって働くのか、どうやって社会復帰するのかというサポートを徹底的に行っています。受刑者は出所後すぐに働いて社会に溶け込めるので、再犯率はわずか2割程度です。

アメリカの再犯率はなんと8割。その最大の理由は、刑務所を民営化しているためです。民営化された刑務所は、経費削減のために更生施設という機能を失い、「ただ犯罪者を閉じ込めるだけの場所」になってしまいました。受刑者は出所後の生活力がないため、また犯罪を繰り返します。

北欧においては、例えば麻薬使用で逮捕された人がいたら、その人物が麻薬に手を染めた原因を究明し、それを潰していきます。アメリカや日本では、刑務所に閉じ込めておしまい。犯罪に走ってしまった原因を追及して、1人1人にカウンセリングを行ったりはしないわけです。

アイスランドは、サブプライムローン問題の時に金融破綻に巻き込まれて国の財政が破綻しましたが、現在は立ち直っています。その最大の理由は、閣僚たちを全員入れ替えたことに加えて、ギャンブル的な投資を行った連中を全員刑務所に収容したことです。

アメリカにおいては、サブプライムローンの破綻自体を引き起こしたアメリカの金融関係者は誰一人、起訴すらされていません。

アメリカがお手本だったのに!

マイケル・ムーアは「外国に比べてアメリカは酷いことになっている」ことをアメリカ人に伝えるためにこの映画を作ったわけですが、面白いことに、ムーアがヨーロッパの刑務所職員や学校の先生といった人たちに取材すると、みな口を揃えてこんなことを言います。

「私たちはアメリカをお手本にして、こういった改革を成し遂げてきたんですよ」

そこでムーア監督が「こんな制度、アメリカにはないですよ」と言うと、それを聞いた人は「ええっ？　アメリカがお手本だったのに！」と驚きます。

独立宣言をした時に「全ての人間は生まれながらにして平等である」と宣言し、国民の平等を成し遂げた世界最初の民主主義国家はアメリカです。当時のヨーロッパでは貴族が貧しい庶民を奴隷のように使って富を独占し、農民に生まれたら一生農民でいるしかない世の中でした。しかしアメリカは、「そこに行けば誰でも自由に好きなものになれる」という国だったのです。そこから世界中でやっと民主主義の時代が始まったのにもかかわらず、アメリカは今、大きな後れを取ってしまいました。

公立学校を世界で最初に作ったのも、死刑を最初に廃止したのも、婦人参政権を最初に実現したのもアメリカでした。かつてのアメリカは、リベラリズム（自由主義）で人権重視の福祉国家だったのです。

「人権の国、自由の国アメリカ」は過去のもの

1929年から30年にかけ、世界的な大恐慌が起こりました。1933年に政権を取った民主党のフランクリン・ルーズベルト大統領は、金持ちに集中している富を税金で徴収し、それを貧しい人たちに再分配して仕切り直そうという「ニューディール（仕切り直し）政策」を施行します。いわゆる「リベラル」という言葉は、もともと「ニューディー

ルに賛成」という意味でした。戦後の日本も、このニューディール主義（リベラリズム）のもとに始まったのです。

それが1980年ごろから新自由主義（ネオ・リベラリズム）に取って代わります。当時の大統領は共和党のロナルド・レーガン。ネオ・リベラリズムとは、基本的に「国が経済をコントロールしたり、国民に福祉を与えたりするのをやめて、実力重視の競争社会、自由主義競争を加速しよう」という考え方です。

これはつまり、企業が利益を上げるために人員を削減したり、大きい企業が小さい企業を乗っ取ることなどを規制しないということです。

「規制をしない、自由にする」と言うと聞こえはいいですが、逆の見方をすると「経済的な弱者が守ってもらえない」ということを意味しています。レーガン大統領は「福祉に頼っている人間は寄生虫だ」と言い、「福祉を受けることは恥ずかしい」という気持ちを人々に植えつけていきました。

さらにレーガンは富裕層の所得税を減税しました。ニューディール時代、大金持ちの所得税率は最高9割で、レーガン大統領が大統領になる直前の1980年は7割でしたが、レーガンはそれを3割まで落としたのです。結果、金持ちと貧乏人の格差はどんどん広がっていきました。

また、ニューディール政策で大きかった功績は、橋を整備したり、ハイウェイを造るなど、公共事業でアメリカという国を整えていったことです。しかしレーガン政権は、公共事業もストップしてしまいました。なので今アメリカにある橋や道路の多くは、1930〜50年代に造られた古いものばかりです。

レーガン政権の前と後で、アメリカの状況は大きく変化しました。この映画の中で「お手本だった」と言われる「人権の国、自由の国アメリカ」は、過去のものなのです。

『マイケル・ムーアの世界侵略のススメ』を観ると、福祉でいちばん進んでいたはずのアメリカという国がどんどんダメになっている現状がわかります。戦後の日本はアメリカを目標にしてきましたが、この映画は「それでいいのか?」と問いかけているように思います。

この映画には「国の本当の豊かさはどこで測るべきか。国が強くなればいい、国が金持ちになればいい、GDPがいちばんになればいいということではなく、国民1人1人が幸せかどうかで国の良し悪しは判断されるべきではないか」という、ムーア監督のメッセージが込められているのです。

10

Breaking Bad

ドラマでわかるアメリカのドラッグ事情
ブレイキング・バッド

2008年／アメリカ
〔製作総指揮〕ヴィンス・ギリガン
〔出演〕ブライアン・クランストン、アーロン・ポール、アンナ・ガン、ディーン・ノリス、RJ・ミッテ、ボブ・オデンカーク
ブルーレイ　¥5,524＋税
（シーズン1コンプリートパック）
ソニー・ピクチャーズエンタテインメント

化学教師の麻薬ビジネス

2008年から2013年にかけて放送されたアメリカの連続テレビドラマ『ブレイキング・バッド』シリーズ。最終話はアメリカで同時に1千万人以上が観たといわれている大ヒット作です。タイトルの『ブレイキング・バッド（Breaking Bad）』とは「道を踏み外す、悪いことをする」という意味を持つスラングで、「真面目な高校教師が覚醒剤の密造ビジネスを始める」というストーリーです。もうこれだけで今の日本の

地上波テレビでは放送できなそうな内容ですね。

アメリカには、各テレビ局が投票して優秀な番組を決める「エミー賞」という伝統的な賞がありますが、この『ブレイキング・バッド』は、2013年と2014年のエミー賞ドラマ部門で最優秀作品賞を取りました。

＊＊＊

物語の舞台は、ニューメキシコ州アルバカーキ市。そこに住んでいる主人公ウォルター・ホワイトは、高校で働く50歳の化学教師。ある日、彼は医者から「あなたは末期ガンです」という宣告を受けます。しかしアメリカの公立学校の教師は賃金が非常に安いため、ウォルターには治療を受けるための蓄えがほとんどないのです。

このドラマが始まった2008年、アメリカには日本やヨーロッパのような国民健康保険がなかったので、ガンのような重病にかかると莫大な治療費のために、一家が破産するという深刻な状況がありました。

ウォルターには息子がいるんですが、それも問題。アメリカでは、子供1人が生まれてから大学に入るまでにかかる生活費や学費の合計がおよそ2000万円程度だといわれています。公立大学の学費が、日本の私立よりも高いからです。各地方自治体の財政が破綻して、大学に予算が割《さ》けないせいで学費の高騰《こうとう》が止まらないんです。

しかもウォルターの息子には脳性麻痺による運動機能の障碍があるため、勉強はできるものの就ける職業が限定されます。そのうえ、奥さんは第二子を妊娠中。ウォルターが死んだ後、残された家族が路頭に迷うのは確実です。

ウォルターとしては家族にお金を遺してあげたい。でも、命はあと1年もない。追い込まれた彼は、化学の知識を活《い》かした覚醒剤密造ビジネスを思いつきます。

風邪薬から覚醒剤を作る

覚醒剤の原料はメタンフェタミンという化合物です。これは、鼻炎カプセルや風邪薬に入っているエフェドリンという物質から抽出することができるので、アメリカでは貧しい人たちが風邪薬を大量に買い、それを煮沸《しゃふつ》して覚醒剤を精製しているのです。

知識のない素人が精製した覚醒剤はとても質が悪いのですが、ウォルターの化学の技術は非常に優れているので、純度の高い覚醒剤を作ることができるわけです。

ウォルターは、自分の元教え子で就職もせずにフラフラしている卒業生を助手として雇い、2人で覚醒剤の密造を始めます。質のいいドラッグは高値で売れるわけで、いつしか彼らは地元のギャンググループに「俺たちの仲間に入れ。入らなければ商売敵だから殺す」と目をつけられてしまいます。

そして、最初は地元のチンピラが相手だったビジネスにどんどん巨大なギャングが介入してきて、最終的にはメキシコの国際的な麻薬カルテルを巻き込んだドラッグ戦争に発展していくのです。

『ブレイキング・バッド』が大ヒットした理由は、荒唐《こうとう》無稽《むけい》な物語ではなくアメリカのリアルな現実を反映したものだからです。中産階級であっても、いつ自分が医者から「あなたの死期は近い」と言われて、貧困層に転落するかもわからないのです。

もう1つリアルなのは、社会に覚醒剤が蔓延《まんえん》している現状を忠実に描いたことです。アメリカの覚醒剤使用者の多くは、ヤクザや遊び人ではありません。昼間働いて夜間学校に通っていたり、昼と夜で仕事を掛け持ちしているような貧しい労働者です。

一晩中働くトラック運転手やシングルマザーは、仕事中に眠くなってしまうため、疲れを紛らわすために覚醒剤に手を出します。一生懸命働いても貧困から抜け出せないため、貧しければ貧しいほどドラッグの世界にハマりやすく、一度ハマるとそこから抜け出せないという残酷な悪循環が生まれているのです。

化学を武器に敵と戦う

もちろん、ただリアルなだけではこれほどの人気にはならなかったでしょう。『ブレイキング・バッド』は、主人公ウォルターが自分に立ち向かってくる犯罪組織を、化学の知識を武器に次々とやっつけていくところが痛快なんです。

ウォルターはかつて画期的な発明をしてノーベル化学賞を取るはずだったのに、友人に発明を盗まれ、貧しい教師に転落してしまったという過去を持っています。もともと、非凡な化学の知識と能力を持っていたのです。

例えば、地元のギャングに「俺のために覚醒剤を作れ！」と脅されて、覚醒剤を作るフリをして有毒ガスを作って相手を倒したり、「覚醒剤をよこせ！」と言われた時に、白い大きな結晶を持ってきます。覚醒剤なのかと思うと、ウォルターはそれを天井に投げつけます。すると大爆発するんです。それは実は、覚醒剤に見せかけた雷酸水銀《らいさんすいぎん》の結晶でした。ショックを与えると大爆発する物質です。勉強になりますね。

こうしてウォルターは犯罪組織と戦っていくわけですが、相手を殺してしまった時に「死体の始末をどうするか？」という問題も出てきます。ここでも化学の知識を活かし、殺害したギャングの死体を酸で溶かします。「化学って役に立つなあ！」という場面ですが、バスタブに死体を入れて溶かしていたら酸が効きすぎて、バスタブが2階の床ごと溶けて天井からドロドロに溶けた死体が降ってきて……。

次々と襲いくるサスペンス

なんと、ウォルターの義理の弟、つまり奥さんの妹の旦那はＤＥＡ（連邦麻薬取締局）の職員でした。

ウォルターと彼は親戚同士でしょっちゅう一緒に食事をしたりするわけですが、ある日この義理の弟が「この地帯に〈ハイゼンベルク〉と呼ばれている覚醒剤の大物がいるらしい」と言い出します。ハイゼンベルクというのは、ウォルターが覚醒剤を売りさばく時に名乗る偽名です。

「そいつを捕まえるのが俺の使命なんだ！」と義理の弟が息巻いている目の前で、麻薬王ハイゼンベルクことウォルターが座ってご飯を食べているわけです。

このハイゼンベルクという偽名には意味があります。これは、「不確定性理論」を提唱したドイツの物理学者ヴェルナー・ハイゼンベルクから拝借されています。

「不確定性理論」とは、「〈ものを見る〉ということは、対象に光を当ててその反射が目に入ってくることだ。ミクロの世界においてものを見ようとした時に光を当てると、それだけで対象に影響を与えてしまう。だから、ミクロの世界では純粋に〈観察する〉ことはできない」という考えのこと。つまり、これはまさに軽い気持ちで覚醒剤ビジネスに手を出したものの、「違法なビジネスの世界をただ〈覗く〉だけではすまずに、どんどん悪の道に引きずり込まれていく」という主人公の運命を象徴しています。

ウォルター自身は決して悪人ではなく、ただ家族のために一生懸命お金を稼いでいるだけですが、やっていることは覚醒剤の製造と販売です。さらにそれを売る過程で殺人も犯してしまい罪がどんどん重なっていきますが、彼は人が死ぬたびに深く悲しみます。

「ただの高校教師だった男が、積もり積もった罪をどう贖《あがな》うのか？　どう決着をつけるのか？」ということで、多くの人たちが最終回まで固唾《かたず》を呑《の》んで見守りました。

『ブレイキング・バッド』は「こうしなければ生きていけないアメリカという国の不条理」を描いているので、視聴者は感情移入し「ウォルターを責められない」と思うのです。

ところが2010年にオバマ大統領がアメリカで初めて公的医療保険制度を実現して、ウォルターのようにすでに病気を持っている人でも保険に入れるようになりました。さらに末期ガンというのも……。ウォルターの罪は言い訳を失い、さらに愛する妻も巻き込んで、壮大な悲劇へと進んでいきます。最初はコメディーみたいに始まったのにね。

11

Ghostbusters

ゴーストバスターズ

ネット上に蔓延する女性嫌悪

2016年／アメリカ
〔監督〕ポール・フェイグ
〔出演〕メリッサ・マッカーシー、クリステン・ウィグ、ケイト・マッキノン、レスリー・ジョーンズ、チャールズ・ダンス、マイケル・ケネス・ウィリアムス、クリス・ヘムズワース
ブルーレイ　¥1,800+税
ソニー・ピクチャーズエンタテインメント

女性版でのリブートはフェミニズムに媚びている？

1984年に大ヒットしたコメディー映画『ゴーストバスターズ』のリメイクがアメリカで大バッシングを受けました。このリメイクは、メインキャスト4人を女性に変えたんですが、4人ともテレビのコメディアンとして活動していた人たちで、4人のうち3人が40代です。

彼女たちのキャスティングが発表されると、「なんでこんなオバサンたちにやらせるんだ？」「かわい子ちゃんが1人も出ていないじゃないか！」といった攻撃的なコメントがネット上に氾濫《はんらん》しました。予告編のYouTube動画には親指を下に向けた「良くないね（低評価）」に数百万のクリックが集まり、女性版『ゴーストバスターズ』は公開する前からネット・リンチのターゲットになってしまったのです。

＊＊＊

オリジナル版『ゴーストバスターズ』シリーズは、科学者たちがニューヨークに現れる幽霊を退治する話で、1984年にパート1、1989年にパート2が作られています。以前から「同じ監督とキャストでパート3を作ろう」という話があったのですが、うまくいかないまま30年経ってしまいました。そして数年前、「主人公を女性に置き換えてリブートできないか？」というアイデアが、ソニー・ピクチャーズ・エンタテインメント（以下、ソニー）のもとに舞い込みました。当時ソニーのトップはエイミー・パスカルという女性で、女性版『ゴーストバスターズ』のアイデアを採用しました。

そのころ、ソニーはサイバー攻撃されてメールが流出し、パスカルが女性版『ゴーストバスターズ』にGOサインを出すやり取りのメールも暴露されてしまいました。それを知ったオリジナル版『ゴーストバスターズ』のファンたちは、「なんで女性キャストなんかでリブートなんかするんだ！」と怒り始めたのです。そして、「女性版にするのはフェミニズムに媚びているからじゃないのか？」という批判が湧いてきました。

事態は『ゴーストバスターズ』ファンとソニーの戦いに発展していきます。これは日本で起こった「みんなで舛添要一《ますぞえよういち》都知事を下ろそう運動」のようなもので、「この映画を徹底的に潰す！」という流れの中、映画そのものを誰も観ていないまま、公開前にストーリー全てをネット上でリークするなど、完全に興行を潰す行為に出ました。そこに、『ゴーストバスターズ』のファンだけではなく「オルタナティヴ右翼（オルタナ右翼）」と呼ばれている人たちが乗っかってきます。

民主主義や平等に反対する「オルタナ右翼」

アメリカのネットにも民族差別的な論調が蔓延していますが、その始まりは「2ちゃんねる」の真似をしている「4chan」という匿名掲示板だといわれています。そこから出てきたネット右翼は、Alt-Rightつまり「オルタナティヴな右翼」と自称し始めました。

なぜ、オルタナティヴ（今までと違う）かというと、従来のアメリカの右翼は盲目的にキリスト教の聖書を信じ、同性愛を神に背く行為としており、ドラッグも許さなかったのに対して、ネット時代の右翼はそんな古い右翼を「田舎の老人たち」とバカにして、特に神も信じないし、同性愛もOK、だが今まで以上にはっきりと人種差別を口にする若い世代だからです。そして彼らは、ドナルド・トランプを熱狂的に支持しています。

僕はそのAlt-Rightという言葉を使い始めた人物に、偶然会ったことがあります。2016年7月にオハイオ州クリーブランドで行われた共和党全国大会に行った時、市庁舎前広場に、「アメリカをもっと人種差別的にしよう」と書いたプラカードを持って座っている、30代ぐらいの男性がいました。僕が彼に「そのプラカード、ジョークでしょ?」と聞くと、彼は穏やかにニコニコ笑いながら「いや、そうじゃないよ。僕は人種差別主義者なんだ。アメリカはもっと白人だけが固まって、白人の国になればいいいと思うんだ」と言い始めました。
話を終えた後で彼が誰だか調べてみると、彼はリチャード・B・スペンサーという若手右翼の大物で、「オルタナ右翼」の提唱者でした。

＊＊＊

もう1つ、オルタナ右翼が従来の右翼と違うのは、民主主義や平等を公然と否定するところです。

「もうポリティカル・コレクトネス（政治的な正しさ）に構っている暇はない!」

ドナルド・トランプは共和党の大統領候補としてそう宣言し、オルタナ右翼たちを熱狂させました。彼らはアメリカの独立宣言に書かれている「人は全て平等である」という前提に異議を唱え、「人種差別や性差別は正しい」と主張しているのです。この論調はアメリカだけでなく、世界中に広がっています。イギリスのEU脱退はその典型で、「グローバリゼーションや経済的な豊かさよりも、差別的で閉鎖的な方向へ進む」という気運が世界全体で高まっているのです。

さらに今、アメリカのネット社会では「フェミニズム（Feminism／女性主義）」に対抗する「メニニズム（Mennism／男性主義）」もしくはメンズ・ライツ（Men's rights／男性の権利）運動が広がっています。つまり「自分たちはフェミニズムによって差別されている。男の方が逆差別されているんだ」と考えている男たちがいるわけです。悲しいことに、レディーファーストの国だったはずのアメリカで女性嫌悪が暴走しているのです。

＊＊＊

ブライトバート・ニュースという右派ニュース・サイトで「オルタナ右翼を恐れよ」というアジテーションを書いたマイロ・ヤノプルスという編集者がいます。彼はイギリス出身のゲイで、メディアに登場して、徹底的に女性差別的な言動を繰り返して、反フェミニストの間でスター的な人気者になりました。彼はトランプを「ダディ」と呼んで熱烈に支持しています。

そのヤノプルスがTwitterで、女性版『ゴーストバスターズ』のキャストが決まると、映画を観る前から「ブス」だの「デブ」だのと悪口を書きまくり、特に主演女優のうちの1人で、アフリカ系のレスリー・ジョーンズへの攻撃を自分の33万人のフォロワーたちに煽《あお》りました。そして彼女とゴリラを並べるような差別的なツイートが殺到しました。

レスリーさんはコメディアンなので、酷いことを言われても最初はユーモアで返していました。しかし、見た目や人格に対する攻撃があまりにも甚《はなは》だしいので、彼女は「私は泣きながらTwitterをやめます」と宣言するまでに追い込まれてしまいました。それに対して、Twitter 社は思いとどまるように彼女を説得し、「差別を煽動した」として、ヤノプルスのアカウントを永久除名したのです。

ヤノプルスは、以前から「女性は科学者に向かない」という持論を主張していました。女性科学者がそれに反論すると、ネットテレビで討論会を開き、「実際に女性の科学者の方が少ないじゃないか！」などと言って徹底的にやり込めました。女性の科学者が少ないのは資質の問題ではなくて、女性が置かれた社会的な状況のせいなんですが。

男女を入れ替えることで浮き彫りになる女性差別

実際に女性版『ゴーストバスターズ』を観てみると、まさにこのヤノプルスが撒き散らしているような差別や偏見と女性たちが闘う物語でした。科学者である主人公たちが「幽霊というのは物理学現象だ」ということを証明しようと大学で研究しているものの、誰にも相手にされません。オリジナル版の『ゴーストバスターズ』は、4人の科学者たちがニューヨークでどんどん人気者になっていく話でしたが、今回の女性版では、役人や警察など、ありとあらゆる人たちが彼女たちを邪魔し、排除しようとします。

これはつまり「男が40過ぎで何かをやっていても普通に評価されるけど、40を過ぎた女の人たちが男性社会で頑張ろうとすると、いかに風当たりが強いか」ということの風刺です。まさに『ゴーストバスターズ』バッシングを予言したような内容なのです。

女性バスターズの事務所に、秘書として男性が雇われます。秘書役はクリス・ヘムズワースという『アベンジャーズ』シリーズでマイティ・ソーを演じているイケメン俳優で、しかも、しゃぶりつきたくなるようなナイスボディーの持ち主。「素敵！」ということで採用されたものの、見た目がかわいいだけで、実際にはまったくなんの役にも立ちません。

これは、「女性を見た目で採用する会社があるけど、男だったらどうなるの？　見た目より能力が大事でしょ」ということですね。クリヘムは、うれしそうに頭カラッポの男かわいこちゃんを演じています。

一方で、ゴーストバスターズの中で唯一の30代、ケイト・マッキノンという『サタデーナイト・ライブ』のコメディアンが演じているホルツマンというキャラクターがカッコいいんです。彼女は、発明のことしか考えていないオタクでワイルドでパンクな科学者。ホルツマンを見ているだけでこの映画は超楽しい！　女性版『ゴーストバスターズ』は本当に面白い映画です。

でも、公開される前のネガティヴ・キャンペーンのせいでアメリカでは興行的に良い成績を出せませんでした。それはトランプ時代のアメリカを象徴する出来事だと思います。トランプは2015年の大統領予備選の最初のテレビ討論会で、「ブスとデブとグズな女は大嫌いだぜ」と言いました。それを「政治家の発言として正しくない」と批判したメーガン・ケリーという女性キャスターに対してトランプは「興奮しすぎて、どこかから血でも流してるんじゃないの？」と揶揄《やゆ》しました。

さらに過去の隠し撮りビデオで「私はスターだから、いきなりプッシーをつかんでも怒る女性はいないよ」と自慢する発言も暴露されました。ところが、そんなセクハラ候補者が初の女性大統領候補であるヒラリー・クリントンに勝ってしまったのです。今回の『ゴーストバスターズ』に描かれている通り、アメリカはフェミニズムの進んだ国だなんて錯覚《さっかく》だったということですね。

12.

The Wolf of Wall Street

口先だけでのし上がった実在の詐欺師

ウルフ・オブ・ウォールストリート

2013年／アメリカ
〔監督〕マーティン・スコセッシ
〔出演〕レオナルド・ディカプリオ、ジョナ・ヒル、マーゴット・ロビー、マシュー・マコノヒー
ブルーレイ　¥2,381+税
パラマウント ホーム エンタテインメント ジャパン

ファック！　ファック！
ファック！

レオナルド・ディカプリオ主演の『ウルフ・オブ・ウォールストリート』は、アメリカのホリエモンのような人の話です。ディカプリオが演じる主人公、ジョーダン・ベルフォートは実在の証券マンで、20代から30代にかけて株を不正に売って大金持ちになり、のちに不正が暴かれて逮捕され、実刑を食らいました。

この映画は約180分の上映時間の中で「ファック」という言葉が500回以上出てきます。つまり登場人物が常に「ファック！　ファック！　ファック！」と言い続けているのに近い状態です。「ファック」はアメリカのテレビやラジオでは絶対に使ってはいけない放送禁止用語ですが、日本だといくら言っても大丈夫なのが不思議です。（F・U・C・Kはそのまま読むと「フク」なので、日本だとちょっと縁起がいい感じもしますが……）。

「ファック」は不思議な言葉です。「セックスをする」という意味もありますが、英語では何かを強調する時にも「ファック」を使います。悪いことを言う時にもファック、いいこともファックです。最近日本語にも近い傾向があって、今の若い子たちは悪い時にもいい時にも、やたらと「クソ」を使います。「クソ寒い」とか「クソかわいい」といった表現は、英語のファックの使い方に非常に近いものです。「クソ」という言葉はすごく汚いので、僕自身はあまり使いたくありませんが。

バカから金をブン捕ることが証券マンの仕事だ！

映画の冒頭で、ディカプリオ扮する主人公ジョーダンは、ウォールストリートの証券会社に入社します。時代設定は、「ブラックマンデー」と呼ばれる株価大暴落があった1987年の直前。彼の仕事は証券の電話セールスで、顧客に電話をかけて株を売りまくることです。

ここで「ファック」がキーワードになってきます。株のセールスマンは、気合を入れて売りまくるために「ファック」をやたらと使って、ハイになった状態でセールスの電話をかけまくります。ところが最初のころのジョーダンはまだ20代前半で純粋な若者なので、うまくファックが言えません。すると、マシュー・マコノヒー演じる上司、マークが彼のところにやってきます。マークは株を売るコツを新米のディカプリオに伝授します。

「お前は言葉の使い方がチョロいぜ！　もっとファック！　ファック！　言わんかい！　コカインを吸って、酒を飲んで、ギンギンになった状態で株を売りまくれ！　もしアッチの方もギンギンになったら、その場でヌけ！」

この完全にイカれた師匠は、さらに問いかけます。「お前、証券マンって何が仕事かわかるか？」ジョーダンは「お客さんにいい投資を教えてあげて儲けさせることじゃないですか？」と答えますが、マークはこう返します。

「違う！　バカな奴の財布から金をブン捕ることなんだよ！　それが証券マンの仕事だ！」

26歳で年収49億円

次のシーンでは、数年後のジョーダンがフェラーリに乗って走っています。つまり、ジョーダンはわずか数年で大きな成功を収めたわけです。彼は観客に話しかけてきます。

「これ、俺の車。26歳で年収は49億円。でも、悔しいんだよね。もうちょっと頑張れば、週に1億円儲かったのに」

フェラーリの助手席には金髪のかわいい女の子が座り、ジョーダンにフェラーリをしています。ダブルフェラーリです。

＊＊＊

ここで、ジョーダンがどうやって大儲けしたのかを解説しましょう。

一般的な株の取引においては、信用度の高い「いい銘柄の株」は高価なので、普通の人は手が出せません。安い株となると株価が非常に不安定なので、投資のプロは手を出しません。そういうものは「クズ株」とか「ボロ株」と呼ばれていますが、ジョーダンはそれを株式や投資に関して無知な素人に電話セールスで売りつけるのです。

ジョーダンは新しい証券会社を自分で立ち上げ、朝から晩まで顧客に電話をかけまくります。自分の会社を立ち上げる時にジョーダンが部下として雇ったのは、大学も出ておらず、30歳を過ぎても親の家に住んでいるような、ほとんどまともに働いたことのないような人たち。ジョーダンはすごく口がうまいので、彼らに徹底的にセールストークを叩き込みます。

「俺のセールストークを真似しろ。そうすればお前らでも株を売ることができる。相手はどうせ素人なんだ！」

彼のセールストークはこんな感じです。素人の顧客に株式投資の話を持ちかけ、相手が「株なんかやったことないから、わかんないんだけどな」と言うと、ジョーダンは「大丈夫です。これは絶対に値段が上がりますから！私は知ってます！　大した額じゃないから、たくさん買えますよ。これで老後も安泰です！」などと言って言葉巧みにクズ株を売りつけます。

そして方々に「この株は上がりますよ！」という噂を流して、一時的なバブル状態を作り出します。これは「風説の流布《るふ》」というテクニックで、株が発明された18世紀ごろからある手法です（ホリエモンもこれで有罪になりました）。バブル状態を作り出すことでクズ株の値段が暴騰《ぼうとう》しますが、実はこれがトリックなんです。

ジョーダンや彼の部下たちは株を売る手数料で儲けるわけではなく、自分たちがそのクズ株をたくさん持っているのです。風説の流布のテクニックで自分たちが持っている株の値段を暴騰させ、その頂点で売り払って逃げるわけです。クズ株を売りつけられた顧客が「私もこの株を売りたい」と言っても、なんだかんだ理由をつけて売らせないようにし、最終的に株を売りつけられた顧客の手元にはクズ株だけが残るというカラクリ。これは、顧客にクズ株を押しつけて自分たちだけ売り抜けるという詐欺なのです。

100ドル札を丸めてゴミ箱へ

この映画はジョーダン・ベルフォード本人が書いた手記『ウォール街狂乱日記―「狼」と呼ばれた私のヤバすぎる人生』（早川書房）をもとにしていて、本には彼のめちゃくちゃな金儲けと浪費生活が延々と描かれています。

まず彼はコカインを吸いまくります。コカインを吸う時は100ドル札を巻いてストロー代わりにして、吸い終わったらお札は丸めてゴミ箱に捨てます。金が余って余ってしょうがないわけですね。他にも、ヘリポート付きの豪華ヨットを持っていたり、ヘリコプターで通勤したりします。ジョーダンは常にドラッグをやりまくっているので、ラリラリの状態でヘリコプターを操縦します。

200人ほどの社員が常に電話をかけまくっているジョーダンのオフィスには、裸のお姉さんが行ったり来たりしています。彼女たちはコールガール。社員は株を売りまくって、「カーッ！」っときたらコカインをやってもいいし、コールガールを呼んでセックスしてもいいので、社内のエレベーターやトイレで、みんなギンギンになって、やりまくっているわけです。

証券取引委員会や警察、FBIに目をつけられても、彼らは気にしません。「俺たちはバカから金をもらってるんだから、悪くねーんだ！　警察クソくらえ！」という考え方で、自分たちがやっている悪事をかっこいいことだと思っているからです。

＊＊＊

ジョーダンの相棒として、ドニー・アゾフという男が出てきます。演じているのはジョナ・ヒルという俳優で、この人は『マネーボール』（2011年）でブラッド・ピットの相棒役をやっていたデブちゃんですが、彼がまたメチャクチャなんです。ドニーはパーティーで美女を見かけると、その場でチンチンを出してしまうような男です。しかもこれは映画の脚色ではなく、全部本当にあったことなんですよ！

ジョーダンとドニーでいろいろなドラッグを試しているうちに、彼らは究極のドラッグ「筋肉弛緩剤」を発見します。「これを飲むと筋肉が完全に脱力してヘロヘロになって、気持ちがいいらしい」ということで、ジョーダンとドニーが筋肉弛緩剤を飲んだ状態でケンカをするシーンがあります。

これは映画史上最低のケンカです。筋肉がフニャフニャの状態で「おみゃえよう、ふじゃけんじゃねえよぉ」とか言いながら取っ組み合いのケンカをするわけですが、このシーンを観ていると「何をやってるんだろう、この人たちは……」と思えてきます。

このように、本作は彼らがデタラメをやっているところを全編通してずっと観せ続けます。「どうしてこんなにデタラメな連中がこれだけ金を儲けたんだろう？」と思うほど、彼らの犯罪はずさんです。

ジョーダン・ベルフォートの現在

98年、ジョーダンはついにマネーロンダリング（資金洗浄）の容疑で逮捕されます（スイスの銀行を使ったマネーロンダリングの方法もデタラメですが、それは映画を観てのお楽しみ)。

逮捕されたジョーダンは懲役20年の刑を食らいますが、実際のところ彼はすでに出所しています。20年の刑を食らったのに、どうして罪を軽くしてもらえたのか? その理由は映画の後半で描かれますが、その方法も酷いもので、彼は人として最低のことをします。

刑務所を出たジョーダンは今、金儲けセミナーの講師をやっています。「お金儲けのやり方を教えます」「セールストークのやり方を教えます」というセミナーにお客さんが殺到しています。犯罪が暴かれて実刑を食らったにもかかわらず人気が衰えていないんです。

みんな、「彼は悪いことをしたとはいえ大儲けしたことは事実なんだから、あやかりたい!」と思っているわけですが、日本にもこういう人いますよね? 映画の原作本もヒットしたので、彼はさらに何億円も儲けちゃってます。

というわけで、この『ウルフ・オブ・ウォールストリート』は、3時間もの間、ファックとフェラーリの嵐という、子供にはとても観せられない、大爆笑映画です。

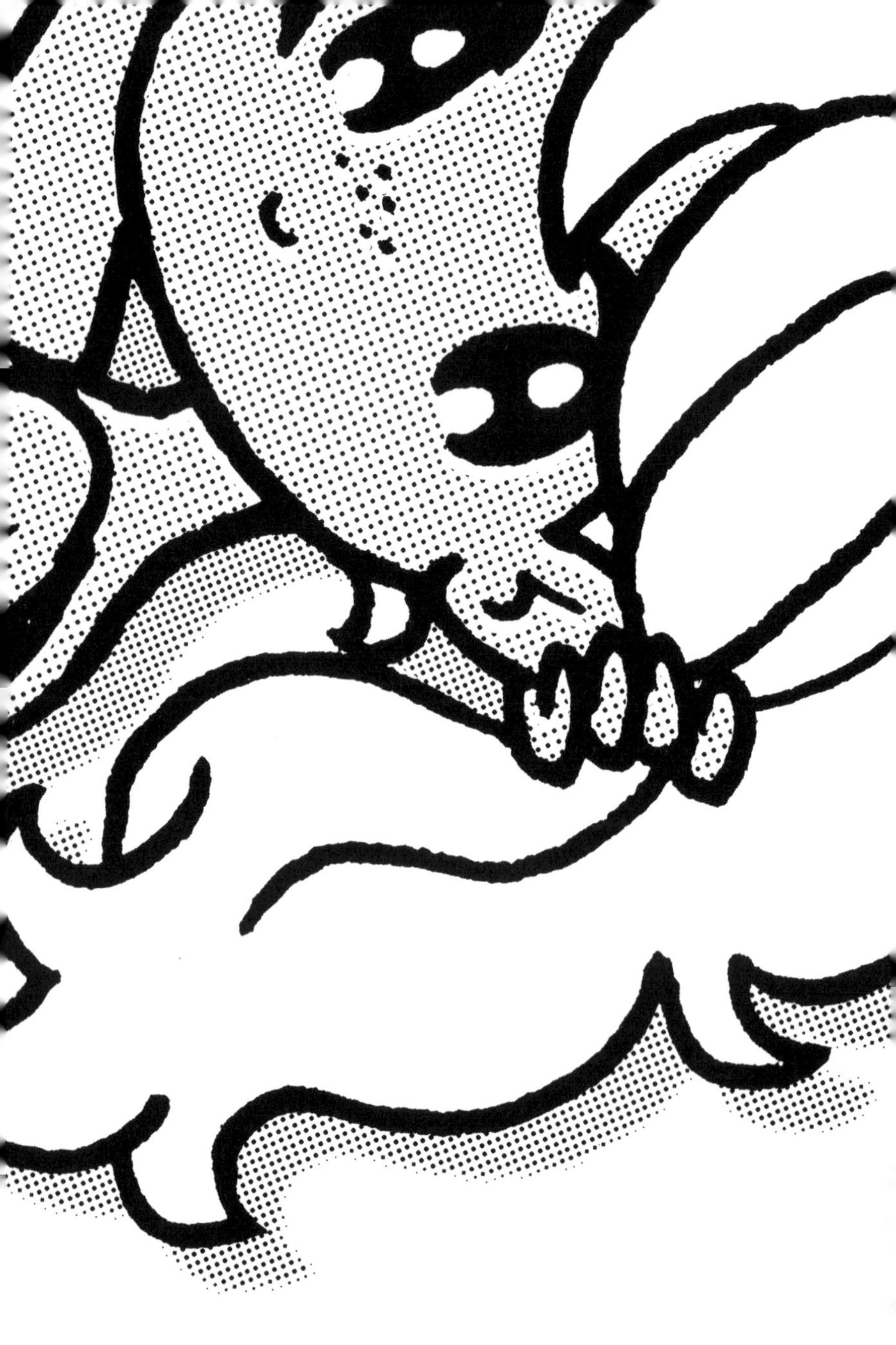

13

Kingsman:
The Secret Service

キングスマン

イギリス人から見たアメリカ人の姿

2014年／イギリス
〔監督〕マシュー・ヴォーン
〔出演〕コリン・ファース、タロン・エガートン、マイケル・ケイン、サミュエル・L・ジャクソン、マーク・ストロング
ブルーレイ　¥1,800+税
ソニー・ピクチャーズエンタテインメント

スパイ版『ハリー・ポッター』

日本以外の世界中、なぜか特に韓国で大ヒットした『キングスマン』は、監督マシュー・ヴォーンと原作者マーク・ミラーによるスパイ映画です。『キック・アス』（2010年）のコンビですね。

原作者のマーク・ミラーは「ボンクラな主人公がある日突然ヒーローにな

る」という話ばかり作っている人です。『キック・アス』は、スーパーマンやスパイダーマンのようなスーパーヒーローに憧れるヘナチョコな青年が、衣装を手作りしてヒーローになろうとするコメディーでした。

また、2008年に映画化された『ウォンテッド』も、みんなにバカにされ彼女にも浮気されている情けない男が、突然「君のお父さんは、世界の歴史を陰で動かしている必殺仕置人組織のスーパー殺し屋だったんだ！」と告げられ、その組織にスカウトされるというストーリーでした。

＊＊＊

『キングスマン』は、イギリスの下町で育った貧乏な青年が、国際的な秘密諜報機関にスパイとしてスカウトされる話。「こんな話ばかり作っている人で大丈夫か？」とも思いますが、マーク・ミラー本人も貧しい家庭に生まれて、いろいろ夢見ていた人なんですよね。

でも、これって『ハリー・ポッター』と同じ話ですよね。主人公のハリー・ポッターは、孤児で親戚に冷遇され従兄弟にいじめられていますが、ある日突然「君のお父さんは偉大な魔法使いだったんだ！」と告げられて魔法学校に入ります。『キングスマン』ではそれが魔法使いではなく、スパイになっているわけです。

スーツでキメた英国紳士スパイ

『キングスマン』の主人公エグジーは、幼いころに実の父親を亡くしています。母親はヤンキー系で、どうしようもないDV男と再婚してしまったため、家庭は荒《すさ》んでいます。エグジーはこの状況からお母さんと幼い妹を助け出したいのですが、経済的に無力なのでどうすることもできません。そこに突然、仕立てのいいスーツに身を包んだ英国紳士ハリーが現れて、エグジーをスカウトします。

ハリーはイギリス出身の俳優コリン・ファースが演じていますが、彼は『英国王のスピーチ』（2010年）でアカデミー主演男優賞を獲得した、いかにも英国紳士という俳優です。

「実は君のお父さんは〈キングスマン〉という、世界を救う秘密諜報機関のスーパースパイだったんだ。君もこの組織に入りたまえ！」

ハリーはエグジーを、高級紳士服店が集まっているロンドンのサヴィル・ロー（Savile Row）に連れて行きます。そこにキングスマンという店があって、実は店の地下から組織の秘密基地につながっています。エグジーは言われるままにキングスマンに入ることになりますが、「世界一危険な就職試験」を命がけでクリアしないと、一人前のスパイとして認めてもらえないのです。

世界一の「マザーファッカー」使いサミュエル・L・ジャクソン

主人公がスパイ修業を積んでいくのと平行して、世界を破滅させようとする悪の陰謀も描かれます。悪役・ヴァレンタインを演じているのはサミュエル・L・ジャクソン。彼は、クエンティン・タランティーノ監督の『パルプ・フィクション』（1994年）の殺し屋ジュールス役で有名ですが、世界一「マザーファッカー」という言葉を使う俳優としても知られています。

英語で「Mother fucker」と言うと、「自分の母親もやっちまうような奴（＝最低の野郎）」という意味になりますが、サミュエル・L・ジャクソンは俳優としてのキャリアの中で何千回も「マザーファッカー」と言っている、世界最高のマザーファッカー使いです。

そんな彼が演じるヴァレンタインは、スティーブ・ジョブズのようなIT業界で成功したアメリカの億万長者です。アメリカにいるIT長者によくあるパターンですが、彼は今の社会に危機感を持ち、なんとかして世の中を良くしようと考え、真剣に世界のことを考え抜いた結果、極端な結論に達してしまいます。

「地球環境はどんどん悪化していてどうにもならない。今、地球は人間という病原菌に蝕《むしば》まれている。私がそれを治療してやる！」

通常、悪役というのは私利私欲で地球を征服しようとしたりするものですが、ヴァレンタインはそうではないエコな人で、いわばエコテロリストです。彼は、貧しくてスマホを買えない世界中の貧しい人たちにタダでスマホをバラ蒔きます。「人間は地球を蝕む病原菌だ！」と考えている彼が造ったスマホをもらった人たちが、その後どうなるのか……そこから先は映画を観て確認してください。

アメリカ南部の保守的な白人を皆殺し

イギリス映画である『キングスマン』は、アメリカ人をとことんバカにしたとんでもない内容になっています。物語の中盤で、キリスト教原理主義で人種差別的でゲイが大嫌いで銃が大好きな、アメリカ南部の典型的な白人集団が登場します。彼らが集まっている教会にコリン・ファース扮するハリーが行って、保守的なアメリカ人が嫌がることをわざと言ってから、彼らを皆殺しにします。

「私はカトリックの男娼だ。ボーイフレンドはユダヤ系の黒人。彼は人工中絶の病院で働いてる。悪魔万歳《ヘイル・サタン》！」

その大虐殺シーンでは、アメリカ南部の白人たちに非常に人気があるレーナード・スキナードというバンドの曲「Free Bird」が使われています。それに合わせて南部の保守的なアメリカ人を英国紳士が殺しまくるという、強烈なブラックジョークです。

クライマックスでかかる音楽はＫＣ＆ザ・サンシャイン・バンドの「Give It Up」。ノリノリのディスコ音楽が鳴り響く中、全世界が破滅に向かっていきます。

＊＊＊

ガゼルという敵の殺し屋も強烈です。彼女は両足が義足の美女ですが、義足が刃物になっているので、それを使ってバンバン人の首を切り落としていきます。これは、オスカー・ピストリウスという実在する両足義足の陸上選手の義足にそっくりです。ピストリウスは刃物のように見える薄い義足を使っているので「ブレードランナー（Blade Runner）」という異名を持っていますが、ガゼルは義足が本物のブレード（刃物）になっているというギャグですね。

このように、本作は「笑えるか、笑えないか」のギリギリのラインまでブラックジョークを突き詰めています。映画ファンを笑わせるのなら、これくらい徹底的にやらないとダメだということです。

マシュー・ヴォーン監督の父親はスーパースパイ？

この映画全体が『007』シリーズのパロディーになっています。『007』シリーズの魅力は、靴やカバン、ライターや時計に仕掛けてある秘密兵器ですが、『キングスマン』でもライター形手榴弾や、つま先から毒針が出る靴などが登場します。『キングスマン』は『007』に憧れる男の子の夢を叶えたような映画なのです。

さらに面白いのは、マシュー・ヴォーン監督の父親が昔スパイを演じていた俳優だということです。彼の父親はロバート・ヴォーンという俳優で、60年代のスパイ・ドラマ『0011ナポレオン・ソロ』で主役のナポレオン・ソロを演じていました。「洋服屋の試着室がスパイの秘密基地への入り口になっている」という設定は、『ナポレオン・ソロ』へのオマージュです。

つまり、本当に「お父さんはスパイだったんだ！」という世界ですが、この話にはもう1つ驚くべき展開があります。マシュー監督が大人になってから、実の父親がロバート・ヴォーンではなかったということが発覚します。マシュー監督は自分がずっとロバート・ヴォーンの息子だと信じて、スパイ映画やドラマが大好きな少年として育ってきたのに、DNA鑑定をしてみると、血縁上の父親はジョージ・ドゥ・ヴィア・ドラモンドというイギリスの貴族だったのです。その驚きも、貧しい青年から英国紳士に生まれ変わるエグジーに影響しているでしょうね。

14

The Revenant

ディカプリオが見せたアカデミー賞への執念 レヴェナント：蘇えりし者

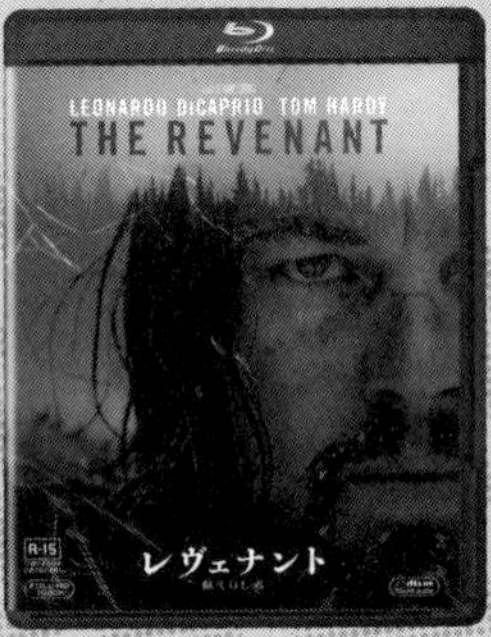

2016年／アメリカ
〔監督〕アレハンドロ・ゴンサレス・イニャリトゥ
〔出演〕レオナルド・ディカプリオ、トム・ハーディ、ドーナル・グリーソン、ウィル・ポールター
ブルーレイ ¥1,905+税
20世紀フォックス・ホーム・エンターテイメント・ジャパン

何度も繰り返された「俳優休業」宣言

２０１６年、『レヴェナント：蘇えりし者』に主演したレオナルド・ディカプリオが、念願のアカデミー主演男優賞を受賞しました。実はずいぶん前から「ディカプリオが出演した映画自体はたくさんアカデミー賞を受賞するのに、ディカプリオだけが賞を取れない」だけでなく、「ディカプリオだけノミネートもされない」という事態が続いてきました。

そのため、彼は何度も休業宣言をして「やめるやめる詐欺」のような状態になっていました。

アカデミー賞というのは、ハリウッドの映画業界人の内輪の投票で決定します。部門ごとにメイクさん、照明さん、カメラマンといったそれぞれの職業の人たちが投票して候補を決めて、本選では会員全員が投票して決定するシステムです。ディカプリオの場合、ノミネートに投票するのは俳優仲間ですが、そこで外されると「お前ら、普段は友達面してて、陰では俺のこと嫌ってない？」と疑心暗鬼《ぎしんあんき》にもなるでしょう。

＊＊＊

特にディカプリオの場合、「実在の人物、同性愛者、病人、身体に障碍がある人を演じると受賞しやすい」というジンクスを狙い撃ちするように、そんな役ばかり片っ端から演じてきました。

ディカプリオは19歳で『ギルバート・グレイプ』（1993年）に出演し、知能に障碍のある男の子を演じてアカデミー助演男優賞にノミネートされましたが、その後は作品賞はじめ11部門を独占した『タイタニック』（1997年）に主演してもノミネートされず、不遇が続きます。『アビエイター』（2004年）では強迫神経症になった大富豪のハワード・ヒューズを演じて主演賞にノミネートされましたが、『レイ』でレイ・チャールズを演じたジェイミー・フォックスに敗れました。マフィアに潜入する刑事役で主演した『ディパーテッド』（2006年）も作品賞を取りましたが、ディカプリオはノミネートなし。『J・エドガー』（2011年）では、ものすごい老《ふ》けメイクで実在のFBI長官ジョン・エドガー・フーヴァーを演じ、ネグリジェを着て男性同士のラブシーンを演じるという汚れ役に挑んでノミネートなし。この前の『ウルフ・オブ・ウォールストリート』

（2013年）でコールガールにペニバンでお尻をレイプされるドラッグ中毒者というもうヤケクソのような芝居で主演男優賞候補になりましたが、マシュー・マコノヒーが『ダラス・バイヤーズ・クラブ』（2013年）で、エイズと闘病して骨と皮のようにやせ細った実在の人物を17キロ減量して演じて、オスカーをかっさらっていきました。

これらの話を総合すると、おそらくディカプリオは普通の人が嫌だと思う役を全部演じてきました。そこまでやっても、どうしてもアカデミー賞が取れなかったわけです。

地獄から生還した男

新作『レヴェナント：蘇えりし者』は全編、ディカプリオが「こうなったらもう、なんでもいいから俺をいじめてくれ！」と叫んでるような映画です。

タイトルの「レヴェナント（Revenant）」という言葉は、アメリカ人もあまり聞き慣れない単語ですが、「帰ってきた人＝地獄から生還した男」という意味です。ストーリーは1823年に実際にあった話で、ディカプリオ演じるヒュー・グラスという実在の猟師が、熊に襲われて重傷を負いながらも320キロを這って進んで生還した実話がもとになっています。

映画の舞台は、アメリカの西部に先住民（いわゆるインディアン）が住んでいた時代です。未開拓地のロッキー山脈に「トラッパー」と呼ばれる罠猟師が入り込み、毛皮目当てでバッファローなどの動物たちを大虐殺していました。アメリカ先住民たちは、動物の骨で家を作り、毛皮で服を作り、肉は食料にするなど、何もかも動物に頼って生活しています。毛皮のためだけに大切な動物を殺されたら生活できなくなるので、先住民たちと猟師は敵対しました。

猟師グループのメンバーの1人であるヒュー・グラスは、狩りの途中に巨大な熊に襲われ、脚が折れて動けなくなり、喉を食い破られてしゃべれなくなる瀕死の重傷を負います。猟師たちは不法侵入者として先住民から追われているので、大ケガをしたグラスを抱えていたら移動が困難になり隊の全員に危険が及んでしまうため、猟師のリーダーは隊員2人に「金を払うから、この場に居残ってグラスが死ぬまで見届けろ。死んだら埋葬してやれ。そして俺たちに追いつけばいい」と指示します。

2人の隊員はお金を受け取って、グラスが死ぬのを待ちます。ところが瀕死だったはずの彼は、数日経過しても死ぬ気配がありません。困った隊員の1人が「参ったな。このままだと本隊に追いつけなくなるから、死んだことにして生きたまま埋めちゃおう」と考え、その場に一緒にいたグラスの息子を殺したうえに、しゃべれない状態のグラスを生き埋めにしてしまいます。

主人公を生き埋めにするこの悪い猟師フィッツジェラルドは、トム・ハーディが演じています。グラスは、このフィッツジェラルドに復讐を果たすため、穴から蘇るわけです。

弱った身体を回復させるには、栄養を摂《と》るしかありません。そこで、犬に襲われたバッファローの死体から肝臓を取り出し、生のまま食べます。ディカプリオ自身はベジタリアンですが、役に入り込んでいるので本当に生の肝臓をかじって食べています（食べながら気持ち悪くなって、思いきりゲロを吐いてますが）。生き延びるためには食うしかないので、吐いてもまた食べ続けます。

それ以外にも崖から落ちたり、暖を取るために馬の死体の中で眠ったり、冷たい川に放り込まれたりと、ひたすらディカプリオいじめが続きます。セリフもほとんどなく、「うっ」とか「ああ」とかの悲鳴や嗚咽《おえつ》ばかりです。

スタントやCGを使わない撮影

そもそもこのヒュー・グラスの話はアメリカでは非常に有名で、1972年に『荒野に生きる』というタイトルで映画化されています。アレハンドロ・ゴンサレス・イニャリトゥ監督は、今作を『荒野に生きる』とはまったく違う映画にしました。実際にこの事件が起こった場所（現在のイエローストーン国立公園）でロケし、スタントや特殊撮影、CGを極力使わないで撮ったのです。

ところが『レヴェナント：蘇えりし者』は、撮影途中からトラブル続きだという噂がずっと流れていました。

まずイエローストーン国立公園では雪が足りず、景色も当時とは変わっていて思うように撮影ができませんでした。「じゃあもっと広いところに行こう」ということで、撮影班はカナダのカルガリーに移動します。撮影場所は、スタッフやキャストが宿泊できるホテルから車で6時間ほど走ったところにある、氷河の近くでした。そこは気温が零下40度近くまで下がるので、スタッフもキャストも低体温症になり、機材は凍って動かなくなってしまいます。

撮影監督のエマニュエル・ルベツキは、広角レンズを使って俳優の顔から5センチほどの距離で、顔と風景を同時に撮ろうとしました。広角レンズですごく絞り込んで映像を撮ると、カメラのすごく近く（俳優の顔）とすごく遠く（背景）の両方にピントを合わせることができるのです。

さらに、照明を使うと光源が映り込んでしまうのでカメラを振り回せなくなるため、撮影は全て自然光で行われました。そのため、撮影できるのは陽が落ちた直後、「マジックアワー」と呼ばれる、太陽の光が空全体にグルッと回っている時間だけ。その状態では影がなくなるので、カメラをブンブン振り回せるのですが、マジックアワーは1日に1時間もありません。

命がけの撮影現場

極寒の地で1日1時間も撮影ができない状況で、スケジュールはズルズルと遅れていき、さらにスタッフが勝手に降りたり監督がスタッフを降ろしたり、トム・ハーディが次の映画を降板したりして、ロケ隊は解体していったそうです。当初、９５００万ドル（約95億円）だった製作予算はどんどん上がっていき、最終的に40億円以上もオーバーしてしまいます（40億円という額は、日本映画の大作４本分にあたります）。

ズルズルと撮影が延びたため雪がなくなり撮影できなくなってしまったので、「続きは夏と冬が逆になっている南半球で撮ろう！」ということで、アルゼンチンで追加撮影が行われました。

＊＊＊

今、アメリカ映画の世界ではＣＧの技術が進みすぎてしまったため、「そこから離れよう、ＣＧに頼らず、昔のように命がけで映画を撮ろう」という方向に回帰しています。『レヴェナント：蘇えりし者』もそういう映画です。その結果、本作はアカデミー賞で10部門にノミネートされ、監督賞、主演男優賞、撮影賞を受賞しました。イニャリトゥ監督は、２０１４年に『バードマン あるいは（無知がもたらす予期せぬ奇跡）』でも監督賞を受賞しています。２年連続で監督賞を取った例は過去にほとんどありません。

撮影監督のエマニュエル・ルベツキは、２０１３年に『ゼロ・グラビティ』、２０１４年に『バードマン』、２０１６年の『レヴェナント』で3年連続撮影賞を取っています。『ゼロ・グラビティ』は、宇宙飛行士がたった1人で宇宙空間に放り出される話でしたが、『レヴェナント』はあれとほとんど同じで、放り出される場所が宇宙ではなく、雪山になっているわけです。

ディカプリオはこの映画で念願のアカデミー主演男優賞を獲得しましたが、本当に良かったですね。もし、これでも獲《と》れなくて、自暴自棄《じぼうじき》になったデカプーが何をしでかしたか……想像するとゾッとします。

15

Moonlight

映画を観ることは「人の心」を知ること
ムーンライト

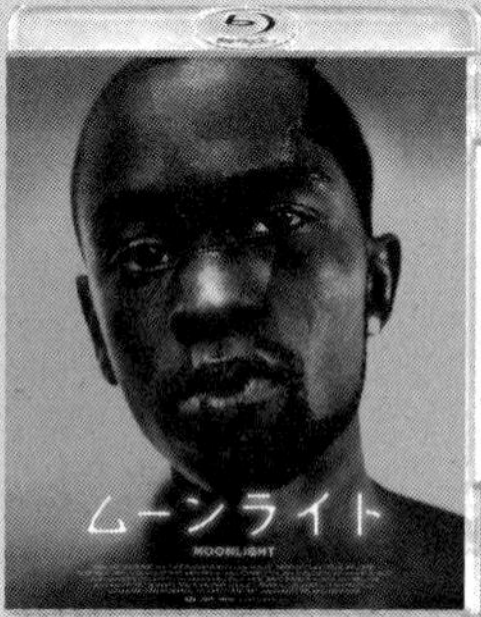

2016年／アメリカ
〔監督〕バリー・ジェンキンス
〔出演〕トレヴァンテ・ローズ、アンドレ・ホランド、ジャネール・モネイ、アシュトン・サンダーズ、ジャハール・ジェローム、アレックス・ヒバート、ナオミ・ハリス、マハーシャラ・アリ
ブルーレイ　¥4,700+税
TCエンタテインメント

息を呑むような映像の美しさ

2016年に公開され、その年のアカデミー賞で作品賞、助演男優賞、脚色賞を受賞した『ムーンライト』。この作品を観てまずハッとするのは、その映像の圧倒的な美しさです。太陽の光、木漏れ日、緑の葉、海面の反射などがとにかく綺麗で、映画そのものがずっとキラキラと輝いています。

光が観客に向かって射してくるような美し

い映像は、アニメーション映画『君の名は。』（２０１６年）にそっくりです。『君の名は。』では観客に向かって光が降り注ぐように木漏れ日が描かれていましたが、『ムーンライト』ではそれを実写で作り上げています。

＊＊＊

本作は出演者のほとんどが黒人ですが、彼ら全員の肌がブロンズの彫刻ように美しく光っています。主人公シャイロンの青年期を演じているのはトレヴァンテ・ローズという元陸上選手ですが、彼のヌードは本当に美しく、ブロンズの彫刻を観ているようです。黒人の体をこれほど美しく撮ったアメリカ映画は、おそらく前代未聞です。

調べてみると、これはアレックス・ビッケルというカラーリスト（色を塗る職人）が、デジタルで加工したそうです。例えば木漏れ日を完全な光として表現するために、光が当たっている部分の色を全部抜いてフィルムを透明にすることで、プロジェクターの光がそのまま観客に反射するようにしているのだそうです。

黒人の肌が綺麗なのも、肌に光が反射している部分の色を抜いて光らせつつ、黒い部分にはもとの映像には存在しない青い色を足しているからだそうです。あまりにも美しく、うっとりしてしまうほど素晴らしい映像なのですが、逆に言うと今の時代は「後から加工すればなんでも作れてしまう」ということでもあるので、どんな映像も信じられないなぁという気もします。

ともかく『ムーンライト』の映像の美しさは全世界に衝撃を与えました。この手法はやり方さえわかれば真似できるので、おそらく日本では今後この撮影方法をそっくり模倣したコマーシャルが大量に出てくるのではないでしょうか。

自分が何になるのかは、自分自身で決めるんだ

『ムーンライト』は、アメリカのリバティ・シティという小さな町を舞台にした物語です。フロリダ州のマイアミ近くにあるこの町は、住民の95％が貧困層の黒人です。1980年前後にその町で生まれた黒人少年が大人になるまでのストーリーを、幼少期、少年期、青年期の3つの時代構成で描いています。

主人公の男の子は家庭が非常に貧しいうえに弱虫なので、ゲイだろうと決めつけられ、いじめられながら育っていきます。そう聞くと、一般的な日本の観客からは遠いものに感じられるかもしれません。しかし、この作品はディズニー映画『ズートピア』（2016年）にも通じる普遍的なメッセージを投げかけています。

本作の原案となった戯曲を書いたタレル・アルビン・マクレイニーはリバティ・シティに育ち、少年時代に母親が麻薬中毒になってしまい、親戚の家や施設に預けられて育つという大変な日々を過ごしました。彼は自分自身の子供のころの経験をもとに、本作の原案となった戯曲『In Moonlight Black Boys Look Blue』を書いています。マクレイニーはゲイでもあります。

監督はバリー・ジェンキンスという黒人男性で、彼にとって長編映画はこれが2作目です。ジェンキンス監督自身はゲイではないので、『ムーンライト』の原案を最初に読んだ時は「これは自分には関係ない」と思ったそうです。しかし、監督とマクレイニーさんが1歳違いで、偶然にもリバティ・シティという同じ町に生まれて、同

じ小学校に通っていたうえ、家庭環境も似通っていたことから、「これは俺が監督するしかない！」と思い立ったということです。

＊＊＊

イジメられて友達もなく、ドラッグ中毒の母親に育児放棄され、どこにも居場所がない主人公シャイロンを救ってくれたのは、近所に住んでいるフアンというおじさんでした。フアンは、あらゆる人々から否定されたシャイロンを自分の息子のようにかわいがり、ご飯を食べさせ、一緒に遊んであげます。

誰からも肯定されずに生きてきた主人公が「自分は一体何者なんだろう？」と悩んでいる時、フアンからこう言われます。

「自分が何か？　自分は何になるのか？　それは自分自身で決めるんだ。絶対に他の誰かに決めさせるな」

フアンを演じているのはマハーシャラ・アリという俳優で、彼自身はウチの近所、カリフォルニア州オークランド出身ですが、キューバ出身の黒人を見事に演じています。

そして主人公のダメな母親を演じているのはナオミ・ハリス。この人は『007スカイフォール』（2012年）

でジェームズ・ボンドのパートナー、ミス・マネーペニーを演じていました。『007』ではゴージャスな女スパイ役だった彼女が、この映画では小学生の子供にご飯も作らず、男を家に連れ込んで「これからエッチするから出てってよ！」と言って追い出すような、生活に疲れ切った悪い母親を演じています。

ナオミ・ハリスは、もともとロンドン育ちのジャマイカ系イギリス人なのに、フロリダの黒人役を演じてアメリカ南部の黒人英語を話すなど、完全に違う人間になりきっています。彼女の演技を観ると「やっぱり俳優ってすごい！」と思わされます。

月の光の下、黒人の男の子は青く光って見える

ファンがシャイロンに水泳を教えるシーンがあります。泳ぎは小さいころに親か学校に教えられないと泳げるようにはならないので、貧しい黒人には泳げない人が多く、水死事故も多いので、黒人の子に水泳を教える社会運動があるくらいですが、シャイロンにはファンが親の代わりに水泳を教えてあげています。

そして、ファンはこんなことを言います。

「昔、キューバにいたころ月の光の下で遊んでいたら、〈月の光の下で、黒人の男の子は青く光って見えるね（In moonlight black boys look blue）〉って言われたよ」

このセリフは、映画の原案となった戯曲のタイトル『In Moonlight Black Boys Look Blue』からきています。映像を加工する時に黒人の肌に青い色を入れているのは、これが理由です。

この映画は全て、監督と原案者に起こった実話がもとになっています。ファンおじさんは、少年時代の原案者に優しくしてくれた「ブルー」という実在のおじさんをモデルにしていますが、恐ろしいことにファンの仕事はドラッグディーラーで、少年の母親に麻薬を売っていたのは彼でした。

監督も原案者も母親が麻薬中毒になってしまい、地獄のような環境で育ちました。原案者には文才があったので、学校の先生が推薦してくれて名門イエール大学に進学し、最終的には「マッカーサー奨学金」という天才だけに与えられる奨学金を得ています。彼は才能を見つけてくれた人がいたから良かったものの、「もし誰も自分を見つけてくれなかったら、こうなっていたかもしれない」という話が『ムーンライト』なのです。

打ち砕かれた心を拾い集めて作品を作る

本作は、ブラッド・ピットの会社「プランBエンターテインメント」が制作しています。ブラッド・ピットはプロデューサーとしてとても優秀で、『それでも夜は明ける』（2013年）という作品でもアカデミー作品賞を受賞しています。

そんなブラピは今、奥さんのアンジェリーナ・ジョリーが子供を連れて家を出てしまったので、家に帰るとオスカー像はゴロゴロ転がっているけどひとりぼっちで寂しいわけですね。

＊＊＊

2016年のゴールデングローブ賞とアカデミー賞は、ノミネートされた俳優が白人ばかりで、「白人を優遇している」と批判されました。その反動で、今後のゴールデングローブ賞やアカデミー賞は「ハリウッドにはいろんな人種がいるんだ」ということを証明していく流れになっていくでしょう。

実際に『ムーンライト』や、昔のアメリカ南部では禁じられていた黒人と白人の結婚の突破口を開いた夫婦の映画『ラビング 愛という名前のふたり』（2016年）や『フェンス』（2016年）など、2017年の賞レースは黒人が出演する作品のノミネートが非常に多くなりました。

『フェンス』でゴールデングローブ最優秀助演女優賞を受賞したヴィオラ・デイヴィスは、スピーチでこう語りました。

「アメリカの理念とは、〈差別がなく、誰でもなりたいものになれる〉というものでした。この国でドナルド・トランプが大統領になったということは、これを世界に掲げていたアメリカ人自身が、理念に追いつけなかったということです」

同じくゴールデングローブ賞の授賞式で、功労賞を受賞したメリル・ストリープは、こんなスピーチをしました。

「我々俳優は、自分以外の人を演じることが仕事です。知らない人になる、自分と関係のない人になりきるということは、その人たちのことを理解するということなのです」

映画を観ることもこれと同じで、登場人物に感情移入することで「自分とは関係のない人」の心を知ることができます。メリル・ストリープは、身体障碍者の動きを真似してからかっていたドナルド・トランプが大統領になったことを示して、「心を打ち砕かれる思いです」と言いました。

そしてスピーチの最後に、『スター・ウォーズ』シリーズでレイア姫を演じていて、２０１６年に亡くなったキャリー・フィッシャーの言葉を引用しました。

「我々は心を打ち砕かれることがあります。でも、それを拾い集めて作品を作るんです」

『ムーンライト』もまさに、打ち砕かれた心のかけらを拾い集めて作ったような、美しい作品です。

16

Creed

受け継がれるアメリカン・ドリーム
クリード チャンプを継ぐ男

2015年／アメリカ
〔監督〕ライアン・クーグラー
〔出演〕マイケル・B・ジョーダン、シルヴェスタ・スタローン、テッサ・トンプソン、フィリシア・ラシャド
ブルーレイ　¥2,381+税
ワーナー・ブラザース・ホームエンターテイメント

『ロッキー』シリーズの復活

　『クリード チャンプを継ぐ男』は、『ロッキー』シリーズの10年ぶりの最新作です。同シリーズは2006年に最終作『ロッキー・ザ・ファイナル』が公開され、「ロッキーはもうリングに立たない」という形で一旦終わっていました。主演のシルヴェスタ・スタローンも70歳近いですから。それが、本作で奇跡の復活を遂げたんです。

でも、いくらなんでもロッキーがボクシングするわけではありません。『クリード チャンプを継ぐ男』の主人公はアドニス・ジョンソンという黒人の若者です。彼は、シリーズ1作目の『ロッキー』（1976年）でロッキーが闘った世界チャンピオン、アポロ・クリードの隠し子です。「隠し子がいた！」って、さっき思いついたような話ですけどね。

ロッキーはトレーナーとして、ライバルであり親友だったアポロの息子アドニスを育てるんです。ちなみに、「クリード（Creed）」というタイトルは主人公の父親の名前ですが、「宗教的な信念」という意味もあります。

ロッキーとアポロの関係

まずは、ロッキーとアポロの関係をおさらいしておきましょう。1976年公開の1作目『ロッキー』では、金貸しの取り立て屋をしていた無名のボクサーだったロッキーがチャンピオンのアポロに対戦相手として指名されますが、愛する女性エイドリアンに自分がクズではないことを証明するためにフルラウンド闘い抜きます。判定では負けますが。

これが大ヒットして作られた続編『ロッキー2』（1979年）では、ロッキーはついにアポロを下してチャンピオンになります。ところが『ロッキー3』（1982年）では、ロッキーがスランプに陥《おちい》ってしまいます。そんなロッキーを立ち直らせたのは、かつてのライバルだったアポロでした。

アポロとロッキーは「親友以上、恋人未満」の関係ですね。スランプに陥ったロッキーにアポロが手取り足取りボクシングのテクニックの全てを教え込むシーンは、映画史に残る名場面です。ロッキーとアポロが身体をベッタリくっつけてニコニコしながら2人でずっとトレーニングをする場面を観ていると、こんな疑問が浮かびます。

「これはもう、ほとんどセックスなのでは？」

実際、アメリカのメジャー映画史上初めての「異人種間の同性愛」を描いた名シーンといわれています。はっきり言ってチンコを入れてないだけです！

そんな風に愛し合っていたロッキーとアポロでしたが、『ロッキー4／炎の友情』（1985年）では、ロッキーがセコンドについている目の前で、アポロはソ連のボクサー、ドラゴ（ドルフ・ラングレン）に殴り殺されてしまいます。

＊＊＊

そして物語は『クリード チャンプを継ぐ男』へとつながります。アポロの未亡人は、夫が密かに別の女性にアドニスという男の子を産ませていたことを知ります。そして、その母親に捨てられ孤児になっていたアドニスを見つけ出し、愛した夫の忘れ形見ということで実の息子同然に大事にし、一流大学を卒業させ、大手投資銀行のエリート社員になるまでに育て上げます。若くして成功して、何一つ不自由のない生活をしていたアドニスですが、やはり父親から受け継いだボクサーの血が騒ぎ、いてもたってもいられなくなります。

彼はボクサーになるため、全てを捨ててロッキーの住む町、フィラデルフィアを訪ねます。一方のロッキーはというと、すでにボクサーを引退し、亡き奥さんと同じ名前のイタリア料理店「エイドリアンズ」を経営している中年男になっていました。

聖地フィラデルフィアへの愛

『ロッキー』シリーズが始まったフィラデルフィアという街は、ファンにとっては聖地であり、アメリカ国民にとっても非常に重要な意味を持っています。アメリカ独立宣言は、1776年にフィラデルフィアで行われました。そして独立200年記念にあたる1976年に、シリーズ1作目の『ロッキー』が公開されたのです。

1作目でロッキーがトレーニングを重ねて、フィラデルフィア美術館の石段を一気に上れるようになるシーンがあって、それ以降この石段は『ロッキー』ファンの聖地になっています。観光客は美術館にはなんの用もないのに石段を上ったり下りたりしていて、僕も行くたびに同じことをやっています。

『クリード チャンプを継ぐ男』は、フィラデルフィア愛にあふれた作品です。例えば、炒めた牛肉と玉ねぎにチーズをかけてパンに挟んだ「チーズステーキ」をアドニスが食べるシーンがありますが、これはフィラデルフィアの名物料理です。

また、「フィラデルフィア・ラップ」というフィラデルフィア独特のラップをアドニスが歌ったり聴いたりしていると、ロッキーが「俺はラップとか、わからないんだよ」と言って70年代に流行ったフィラデルフィア・ソウルの名曲、ハロルド・メルヴィン＆ザ・ブルー・ノーツの「Wake Up Everybody」を歌って聴かせるシーンもあります。僕はフィラデルフィアで一般人もまじえた試写を観たんですが、このシーンではお客さんが熱狂して大変でした。

「Wake Up Everybody」は「目覚めるんだ！　寝ている場合じゃない。世界は変わったんだ。世界を戦争と貧困から救うんだ！」と歌う曲です。この歌が流行った70年代当時のフィラデルフィアは非常に景気が悪く、普通の道端で人が殺されてしまうほど治安が悪化していました。1作目の『ロッキー』はそんなどん底の街から始まり、ロッキーが闘うことによってフィラデルフィアの人たちに勇気を与え、最後にはみんなの心が1つになっていくという物語でした。

＊＊＊

音楽といえば、あの有名な「ロッキーのテーマ」。『クリード チャンプを継ぐ男』では、なかなかかかりません。「うわ〜、かからないのか？　かからないのか？」とやきもきしていると最後にドーン！　客席は「ウワーッ！」と大盛り上がりでした。

演出面でのポイントは、クーグラー監督が1試合を丸ごと手持ちカメラのワンカットで見せている点です。3分間ぶっ続け、カット無しで撮っている試合シーンは必見です。

無名の青年に賭けたスタローン

『ロッキー・ザ・ファイナル』で完結していた『ロッキー』シリーズを復活させたのは、本作を監督したライアン・クーグラーでした。

2012年、当時27歳だった彼は突然「アポロに隠し子がいた」というアイデアを思いついたそうです。当時の彼は大学を出たばかりで、まだ映画を1本も作っていない状態でしたが、知り合いの映画関係者にこのアイデアを話してみたところ、その関係者が「俺はスタローンと友達だから会わせてやるよ」と言ってくれたそうです。チャンスをもらったクーグラーは、お金を借りてなんとか飛行機代を集め、スタローンに会うため、オークランドからハリウッドまで飛びました。

1時間だけ時間を取ってくれたスタローンに映画のアイデアを説明すると、その時は「ふーん」というそっけない反応だったそうで、クーグラーは「ああ、これはダメか……」とがっかりして帰路に就きました。ところが何日か経ってから、「君が言っていた話、やろうよ、一緒に」という電話が突然スタローンからかかってきたのです。当時はまだ1本も映画を作ったことのなかった27歳の青年に、スタローンは全てを賭けたのです。これは大変な話ですが、実は『ロッキー』シリーズも同じような状況で始まったのです。

＊＊＊

1作目の『ロッキー』を制作した時のスタローンは29歳。当時のスタローンはポルノ映画ぐらいにしか出たことがない、ほとんど無名の俳優で、生活のために動物園の掃除のバイトをしていました。あまりにも仕事がないので、スタローンは自分が主演する映画のシナリオを書いて、プロデューサーのアーウィン・ウィンクラーに渡したのです。それを読んだウィンクラーは「お前に賭けるぜ！」と言って『ロッキー』を作り、アカデミー作品賞を受賞し、スタローンはいきなりスターになりました。

『クリード チャンプを継ぐ男』もこれと同じで、スタローンは若く無名の映画監督ライアン・クーグラーに賭け、制作をスタートさせたのです。

スタローンの息子 セイジ・スタローン

『クリード チャンプを継ぐ男』に登場するジムはフィラデルフィアに実在します。本作の記者会見もそこで行われたのですが、僕がその記者会見に参加した時、スタローンに聞きたかったのに聞けなかったことがあります。それは、スタローンの息子さんに関する話です。

実はこのライアン・クーグラーがスタローンに会いに行ったのは2012年7月のことで、スタローンの長男であるセイジ・スタローンが心臓発作で急逝《きゅうせい》した前後です。

亡くなった時のセイジさんは36歳。映画監督を目指していて、すでに短編映画で評価もされていました。映画人として自分の後を継ぐはずだったセイジさんが亡くなったのとほぼ同時に、ライアン・クーグラーが「アポロの息子をロッキーが育てる」というアイデアを持ってきたことになります。映画の中でロッキーには息子がいますが、息子はボクサーを目指さなかったので、ロッキーはアポロの息子アドニスを自分の息子として育てていくわけです。映画の中の物語と現実の運命が重なっているように思えてなりません。

生前のセイジさんと僕にはマルチネスという共通の知人がいて、彼が昔、『食人族』（1980年）というホラー映画のDVDを発売した時、資金を出してくれたのがセイジさんでした。彼も僕も『食人族』が大好きで、食人仲間だったのです。

＊＊＊

スタローンは、本当に器の大きい男です。『ロッキー4／炎の友情』で宿敵ドラゴを演じたドルフ・ラングレンは俳優として売れませんでしたが、スタローンが制作している『エクスペンダブルズ』シリーズに出演してスタローンの世話になっていますし、『デモリションマン』（1993年）でスタローンと戦う悪役フェニックスを演じたウェズリー・スナイプスも脱税で刑務所に入りましたが、出所後はやはりスタローンが『エクスペンダブルズ』シリーズで面倒を見ています。映画の中のロッキーも、アポロをはじめ闘ったライバルたちを味方にしています。スタローンは、現実でも映画の中でも、「タイマン張ったらダチ」な人なのです。

スタローンは「今回は『クリード』のパート1だ。パート2もやるぜ！」と言っています。『ロッキー』には「最後までやり通せ（Go The Distance）」という名ゼリフがありますが、彼は実人生でもそれを貫こうとしているのです。

17

Steve Jobs

スティーブ・ジョブズ

独裁者になった革命家

2015年／アメリカ
〔監督〕ダニー・ボイル
〔出演〕マイケル・ファスベンダー、ケイト・ウィンスレット、セス・ローゲン、ジェフ・ダニエルズ、マイケル・スタールバーグ
ブルーレイ　¥1,886+税
NBCユニバーサル・エンターテイメントジャパン

日本にはないスティーブ・ジョブズのイメージ

『スティーブ・ジョブズ』は、タイトルそのまま「アップル」を作ったスティーブ・ジョブズの伝記映画です。

ジョブズは2011年に56歳で亡くなりました。僕自身、精神年齢が未熟なままその歳に近づきつつあるので、なんだか嫌な感じがしますが……実はジョブズも精神年齢という点では問題がある人でした。日本では悪いイメージがほとんどありませんが、人としては、アメリカでは非常に評判が悪かったのです。

彼は経営者としてはとにかく独裁者で、自分で立ち上げた企画を社員に任せ、失敗したら「俺の素晴らしいアイデアがお前のせいでダメになったんだ！　今すぐ出て行け！」と罵倒《ばとう》したり、「服を選ぶ時間がもったいない」ということで、自分がいつも着ている黒いタートルネックとジーパンを社員全員に制服として押しつけようとしたりするなど、独裁者的なやり方は有名でした。

もともと彼は自由を求めてパーソナルコンピューターを作ったはずなのに、いつしか、自分自身が掲げた理想を裏切っていったのです。

ジョブズの掲げた理想

ジョブズと彼の仲間が1976年に「Apple I（アップル ワン）」というコンピューターを売り出すまで、パソコン、つまりパーソナルコンピューターというものはなかったといえます。それまでは、コンピューターとは、そもそも国家や大企業といった体制側や資本家が持っているもので、個人が持つようなものではなかったのです。

ですから当時は「コンピューターは全体主義の管理社会で、個人を抑圧するもの」というイメージがありました。このイメージは当時のSF映画にも表れていて、1970年代に作られた未来を描いた映画では、コンピューターは大抵、人々を管理する道具として描かれていました。

コンピューターを民主化して誰もが手に入れられるようにしないと、国家や大企業、一部のエリートたちに情報が独占されてしまう。コンピューターを1人1人に与えることによって革命を起こそう、という政治的な理想のもとに提唱されたのがパーソナルコンピューターです。この理想を実現したのがアップルでした。

＊＊＊

ジョブズはもともとヒッピーでした。1960年代後半、ヒッピーはアメリカの保守的な右派勢力と政治的に闘争しましたが、68年、それに72年の大統領選挙で保守的なニクソンに大敗し、ベトナム戦争を止めることができませんでした。この時、敗北感を味わったジョブズは、パーソナルコンピューターを作ることで体制側に復讐戦を挑んでいったのです。

ところが、ジョブズは自身が掲げていた理想とはまったく逆の方向に進むことになります。アップルは内部の情報公開を一切行わず、最終的には他のメーカーがアップルと自由に互換性のあるコンピューターを造ることを許さないという、完全な独占体制に走ったのです。

実に皮肉なことです。王様を憎んでいた反逆児ジョブズが、自分が王座をつかむと、独裁者になってしまったのです。

彼を描いた3本の映画

スティーブ・ジョブズが亡くなってから、彼に関する映画はこの作品を含めてすでに3本も作られています。

1本目は亡くなった翌年に慌てて作られた『スティーブ・ジョブズ』(2013年/ジョシュア・マイケル・スターン監督)。これは、ジョブズがアップルを作るところから、アップルを追われ、また復活するまでの話を映画にしたものです。

2本目は、ジョブズの周囲にいた人たちに彼の話を聞いていく『スティーブ・ジョブズ 知られざる男の正体』(2015年/アレックス・ギブニー監督)というドキュメンタリー映画。この作品では、民主主義の理想を掲げていたジョブズが独裁者になっていった背景が描かれました。

そして、3作目はこれから紹介するダニー・ボイル監督の『スティーブ・ジョブズ』ですが、これはジョブズと娘のリサとの関係だけに焦点を絞った映画です。三幕構成の舞台劇のようになっており、それぞれの話が、30〜40分程度のリアルタイムの芝居になっています。

一幕目は、1984年に行われたアップルの株主総会が舞台です。マッキントッシュ(Macintosh)が初めて世界にお披露目された株主総会の幕が開く30分前、その舞台裏のドタバタを描いています。

二幕目の舞台は1988年。ネクスト・キューブ（NeXTcube）という教育用のワークステーションの発表会の幕が上がる前の30分間の出来事です（ジョブズは1985年にアップルを追い出され、別の会社を作ってネクスト・キューブを発表したので、これはアップル製品ではありません）。

三幕目は1998年、iMac発表会の幕が上がるまでの30分間です。このちょっと前に、ジョブズは経営が傾いたアップルに呼び戻されて社長に返り咲き、iMacやiPod、iPhoneなどでアップルを再生させます。

本作が特異なのは、開幕直前にドタバタやっている30分間がリアルタイムで描かれているだけで、幕が上がってからジョブズがステージで実際にしたことは一切描かれていないところです。

＊＊＊

マッキントッシュ発売直前を描く一幕目では、ジョブズが評判通りの独裁者として振る舞っていることがわかります。

彼はマッキントッシュを起動させてコンピューター自身に「みなさん、こんにちは。私はマッキントッシュです」と自己紹介させようと考えました。ところが、株主総会直前にそのシステムがうまく動かないことがわかり、ジョブズはスタッフに「俺はこれで革命を起こすのに、テメーら、何やってんだ！　バカヤロー！」と怒鳴り散らします。

さらに、その開幕直前の楽屋に、5歳くらいの女の子を連れた女性が現れて「あなたの娘、リサよ」と言います。

ジョブズは、高校時代に付き合っていた女性と同棲して子供を作っていましたが、彼はリサを自分の娘だと認めませんでした。

「自分の子供だと認知して養育費を払って欲しい」と言われても、ジョブズは冷たくリサを拒絶し続けました。DNA検査で父親だと認定され、どう考えても自分の娘なのに、彼は「ふざけるな！　何しに来たんだ？　俺の子じゃねえ！」とリサの目の前で怒鳴ります。

今回の映画は「なぜジョブズは、リサを父親として引き受けなかったのか？　そこに彼自身の暴君的な性格の秘密が隠されているのではないか？」という推察が軸になっています。

それぞれの場面をつなぐボブ・ディランの音楽

この映画の3つの時代をつなぐのが、ボブ・ディランの音楽です。1984年のマッキントッシュお披露目時のスピーチで、ジョブズはボブ・ディランの「The Times They Are a-Changin'（時代は変る）」の歌詞を引用しました。1964年に発表されたこの歌は、アメリカの歴史にとって非常に重要です。ディランはこう歌います。

「お父さん、お母さん、マスコミの人たち。今、時代は変わろうとしてるんだ。あんたたちが信じているものは、全部変わってしまうんだよ」

その後、時代は本当に変わりました。まずビートルズがアメリカ中で大ヒットし、若者が髪を伸ばす「長髪」という文化が生まれます。さらに、黒人や女性の人権を認めるように法律も変わっていきました。

若者たちは「会社に入って出世して偉くなる」という旧来の型にはまった生き方を否定し、ヒッピーになって学校を飛び出し、会社にも行かずに新しい生き方を探すようになる、カウンター・カルチャーと呼ばれる革命が起こったのです。

多くの若者がアメリカの基本的な価値観に「ＮＯ！」という形で反抗を示し、それが世界的に広がっていき、１９６０年代後半は若者革命の時代になりました。「時代は変る」は、それを予言した歌なのです。結局は、カウンター・カルチャーは革命を果たすことができず、ヒッピーになった若者たちも結局はみなサラリーマンになってしまいました。しかし、諦めずに革命のための闘いを続けていたのが、ジョブズだったわけです。

「時代は変る」を歌ったボブ・ディランは、60年代に反体制的な歌を歌い、反体制的なアメリカの学生たちのカリスマ的な存在でした。ジョブズは彼を非常に尊敬していて、ジョブズと一緒にアップルを作ったスティーブ・ウォズニアックというコンピューター・エンジニアとは、ボブ・ディランのファン同士ということで親しくなったそうです。ジョブズは、「パーソナルコンピューターを発明して世の中を変えるんだ！」という強い意志を表明するために「時代は変る」の歌詞を引用したのです。

ジョブズには「コンピューターを作る人」というイメージがありますが、それは大きな誤解で、実際にコンピューターを作ったりプログラミングをしていたのは、エンジニアであるウォズニアックでした。

＊＊＊

本作の中で、ウォズニアックがジョブズにこんな文句を言います。

「君はプログラミングもできないし、コンピューターもいじれないいじゃないか！　今までずっとやってきたのは僕だ！　それなのにビートルズだったら、君はまるでジョン・レノンみたいに振る舞って、僕はまるでリンゴ・スターみたいな扱いを受けている。君は楽器もできないくせに〈バンドをやっている〉って言ってるようなもんだよ！」

本当にそんなことを言ったのか知りませんが、これはリンゴ・スターが不憫《ふびん》ですね（笑）。

ジョブズは1984年にマッキントッシュを発表して革命を起こしましたが、あまりにも独善的だったためにアップルを追い出されてしまいます。しかしすぐに別の会社を立ち上げて1988年にネクスト・キューブを発表します。その発表会が映画の二幕目になっているわけですが、つなぎの部分でボブ・ディランの「Rainy Day Women #12＆35（雨の日の女）」という曲が流れます。

「雨の日の女」でボブ・ディランは、「何をしても、一生懸命いいことをやっても、世間は何か文句をつけて、石を投げて来るもんだ」と歌っています。この歌詞は、自分が作った会社をクビになってしまったジョブズの気持ちを代弁しているんですね。

ネクスト・キューブ発表会の楽屋に10歳ほどに成長した彼の娘、リサが再び訪ねてきます。そこでもジョブズは「お前なんか出て行け！」と娘を拒否します。そのシーンでは、やはりボブ・ディランの「Meet Me in the Morning（朝に会おう）」という曲が流れていますが、ジョブズが娘を拒絶するこのシーンでこの曲が流れているのには重要な意味があります。

「朝に会おう」は、ディランが1975年に発表したアルバム『Blood on the Tracks（血の轍《わだち》）』に収録されています。このアルバムは収録曲10曲全部が、ディランが当時別居中だった奥さんに対して歌った歌なんです。アルバム1枚を通して「家族のもとに戻りたい」と歌っているアルバムの曲を使うことで、「本当はこの娘を引き受けたいんだ」というジョブズの内面を表現しているのです。

シェイクスピアの『リア王』

シナリオを書いたアーロン・ソーキンは、おそらくスティーブ・ジョブズをシェイクスピアの『リア王』に重ねて描いています。

リア王は、3人いる娘のうちの末娘を「生意気だから」という理由で勘当《かんどう》してしまいます。しかし後になって、実はその勘当した娘こそが「本当に自分のことを思ってくれていたんだ」ということに気づきます。

ソーキンは、ジョブズがリア王になってしまった理由として、幼いころ、養子に出された経験で家族を信じられなくなったのでは？　と暗示しています。偶然にも、彼の生物学的父親であるシリア系の男性は、ジョブズがそれと知らずに通っていたレストランのオーナーでした。その事実を妹から知らされたジョブズは喜ぶどころか、そのレストランに行くのをやめ、一生、父親に会おうとしませんでした。そのくらい、トラウマになっていたんですね。

でも、最後の最後にジョブズはリサに告白します。83年に発売したパソコンに「リサ」と名付けたのは、娘のためだと。そしていつもウォークマンとたくさんのカセットテープを持ち歩いているリサのために、500曲が入る小さなマシンを開発しようと約束します。これはもちろんiPodのことです。

この映画の最後には、ディランの「Shelter from the Storm（嵐からの隠れ場所）」が流れます。「2人の間には壁があったんだ」という歌詞もあり、ジョブズとリサの関係を歌っているようにも聴こえます。繰り返される「彼女は僕に言った。〈あなたに嵐からの隠れ家をあげましょう〉と」という歌詞が泣かせます。

ちなみにジョブズの妹モナ・シンプソンはTVのプロデューサーと結婚し、彼はアニメ『ザ・シンプソンズ』（1989年〜）を作ります。そしてシンプソン一家の長女は「リサ」と名付けられました。

18

The Martian

オデッセイ

映画とサントラの深い関係

2015年／アメリカ
〔監督〕リドリー・スコット
〔出演〕マット・デイモン、ジェシカ・チャステイン、クリステン・ウィグ、キウェテル・イジョフォー、ジェフ・ダニエルズ
ブルーレイ　¥1,905+税
20世紀フォックス・ホーム・エンターテイメント・ジャパン

「救われ役者」マット・デイモン

『オデッセイ』は、火星探査に行った宇宙飛行士が、たった1人で火星に取り残されてしまう状況を描いた、宇宙サバイバル映画です。

映画の冒頭で、NASAの宇宙飛行士6人がロケットで火星に到着します。基地を建設して、調査をしていると、猛烈な嵐に襲われました。「危険だから至急地球に帰ろう！」

と急いで隊員たちがロケットに乗り込む中、メンバーの1人が、破損した基地の破片に当たり吹き飛ばされてしまいます。この宇宙飛行士マーク・ワトニーを、マット・デイモンが演じています。

一刻を争う状況の中、他の宇宙飛行士たちは「ワトニーは死亡した」と判断してロケットに乗り込み、そのまま地球に帰還してしまいます。ところがマークは生きていて、大したケガもしていませんでした。生きていることをなんとか地球に知らせることはできたのですが、救助のロケットが来るのは4年後……。食糧も空気もほとんどない火星でひとりぼっちになった彼が、いかにして生き残るのか、というのが本作のストーリーです。

火星に取り残される宇宙飛行士を演じたマット・デイモンは、他の映画でもよく取り残されては救出されている、「救われ役者」ですね。『インターステラー』（2014年）では宇宙の彼方で孤独に暮らしている男の役でしたし、新人のころに出演した『プライベート・ライアン』（1998年）では、第二次世界大戦でドイツ軍との戦闘中、トム・ハンクス演じる主人公に救出される二等兵ライアン役でした。

ノリノリのディスコミュージック

絶望的な状況の中、彼にとってたった1つの心の支えとなるのは、ジェシカ・チャステイン扮する宇宙船のキャプテンが置いていったCDでした。このCDは彼女の趣味ということですが、70年代ディスコヒット集です。だから『オデッセイ』は、宇宙が舞台にもかかわらず、全編にわたって70年代ディスコミュージックがかかる、非常に奇妙な映画なのです。その歌詞が主人公の気持ちや状況を説明する、ミュージカル映画のようでもあります。

本作に限らず、映画の中でかかる音楽には全て意味があります。なので僕が映画の字幕を監修する時は、いつも「歌詞が場面とシンクロしているから、訳詞をつけさせて欲しい」と言うのですが、残念ながら日本では著作権の問題で難しいんです。

＊＊＊

例えば、ワトニーが火星に置き去りにされるシーンではセルマ・ヒルストンの「Don't Leave Me This Way」が流れますが、この歌は、「あなたに去られたら、私はもう生きていけないわ」と歌っています。ワトニーの気持ちを代弁しているわけです。

主人公はノリノリのディスコミュージックに励まされながら、生き残るために知恵を絞ります。まず、火星には二酸化炭素があるので、それを分離して酸素を作ることができます（この技術は今、実際にＮＡＳＡが持っているそうです）。また、ロケットの燃料は水素なので、酸素と水素とを結びつけて水が生成できます。

食べ物は、ジャガイモの種イモが少しだけ残っていました。これを育てて増やす必要があります。しかし火星は砂漠で、土には栄養分が一切ありません。ではどうするか。そう、人間はお尻から栄養分を出しますよね？　ワトニーはそれを使って、ジャガイモを有機栽培し始めます。

ワトニーが火星に生き残っていることがわかると、ＮＡＳＡはなんとかして彼を助けようとします。みんなで協力して作戦を立てるモンタージュのBGMは、デビッド・ボウイの「Starman」です。この曲の歌詞は「スターマンが、空の上でみんなを待っているよ」というものです。

ちなみに、デビッド・ボウイにはそのものズバリ「Life On Mars（火星の生命／火星で生きる）」という曲もありますが、使われてません。きっと、スローすぎて映画に合わないからでしょうね。

マット・デイモンのホット・スタッフ

アメリカの映画館で周りのお客さんが特にノリノリになっていたのは、ドナ・サマーの「Hot Stuff」がかかるシーンです。「今夜は私、何かホット・スタッフ（熱いモノ）が欲しいのよ！」という露骨な歌詞ですが、この曲は『フル・モンティ』（1997年）という、中年男がストリップをする映画で使われたことでも有名なんです。それ以来「Hot Stuff」は男性ストリップの定番曲ですが……安心してください。『オデッセイ』では、ちゃんとマット・デイモンのフル・モンティがあります。後ろ姿ですが、完全オールヌードです！　お尻の間からマット・デイモンのホット・スタッフがちょっと見えますが、そのホット・スタッフがあまりに大きいので、「スタンドイン（※）では？」「CGじゃないのか？」「マット・デイモンが見栄を張って、監督に〈俺のホット・スタッフ、ちょっと大きくしといて！〉と頼んだのでは？」とか、いろいろ言われてます。

本作のリドリー・スコット監督は、あの恐ろしい『エイリアン』（1979年）や『ブレードランナー』

※別人が俳優の代役を務めること。

（1982年）といった重々しい傑作の数々を撮ってきた巨匠ですが、今回は、極限状態なのにディスコでノリノリの映画になっています。『ガーディアンズ・オブ・ギャラクシー』（2014年）も宇宙で70年代ポップスが流れまくる映画でしたが、最近はこういう音楽の使い方が流行ってるんですね。

それにオージェイズの「Love Train」という曲がいいんですよ。「ラブ・トレイン（愛の列車）にみんなで乗ろうよ　ロシアや中国の人たちにも伝えてよ」という歌詞ですが、ニクソン大統領が中国との国交回復を成し遂げた1973年にヒットしたんですね。これがアメリカと中国が協力するシーンにかかるわけですよ。よくこんなにぴったりの歌を見つけてきたな、と驚きました。

映画の選曲って、ものすごく楽しいんですよね。クエンティン・タランティーノ監督も、「〈このシーンではどの曲を使おうかな？〉って考えている時間がいちばん楽しい！」と言っていましたね。

淡々と最善を尽くすこと

演出面で印象的なのは、ワトニーがまったくパニックにならず、常に落ち着いているところです。極限状態の中でも彼は怒ったり悲しんだりせず常に淡々としているので、違和感を覚える人もいるかもしれません。でも、月に行く宇宙船が事故を起こして地球に帰れなくなった実話を描いた『アポロ13』（1995年）という映画でも、宇宙飛行士たちは誰一人としてパニックを起こしていませんでした。

その理由を、中国系の宇宙飛行士に実際に会って聞いたことがあります。彼は「そういう状況でパニックになるような人は、そもそも宇宙飛行士に選ばれないよ」と言っていました。つまり、極限状態でも淡々と作戦を遂行《すいこう》し、わずかな希望でもその可能性に賭けるようなタイプの人しか、宇宙飛行士にはなれないのだそうです。このあたりは非常にリアルです。

＊＊＊

本作の原題は『The Martian（火星の人）』ですが、この『オデッセイ』という邦題には意味があります。ギリシャ神話に「オデュッセウス」という王様が出てきます。この王様はトロイア戦争でトロイの木馬を発明し、「俺は頭がいいぜ！」と威張っていたら海の神様ポセイドンの怒りを買ってしまい、地中海をグルグル回されて家に帰れなくなってしまうのです。それで「帰ろうとしても帰れない人が一生懸命帰ろうとする話」は「オデッセイ」と呼ばれるようになりました。つまりこれは、火星に取り残された宇宙飛行士の「オデッセイ」なわけですね。

エンディグには、グロリア・ゲイナーの「I Will Survive（恋のサバイバル）」という曲がかかります。「あなたが去った時、私はもう生きていけないと思った。でも、いくつもの孤独な夜に耐えて、私は強くなったの。生きていく方法を学んだの。私は生き延びる！　生きていくわ！」という歌詞で、マークのサバイバルを意味していますが、この歌はゲイの人々にとってのアンセムといわれています。僕は、世界一のゲイのメッカであるサンフランシスコの映画館で本作を観たんですが、お客さんは大喜びでノリノリでしたよ。

19

アメリカ製コメディーの「翻訳」

『テッド』シリーズ

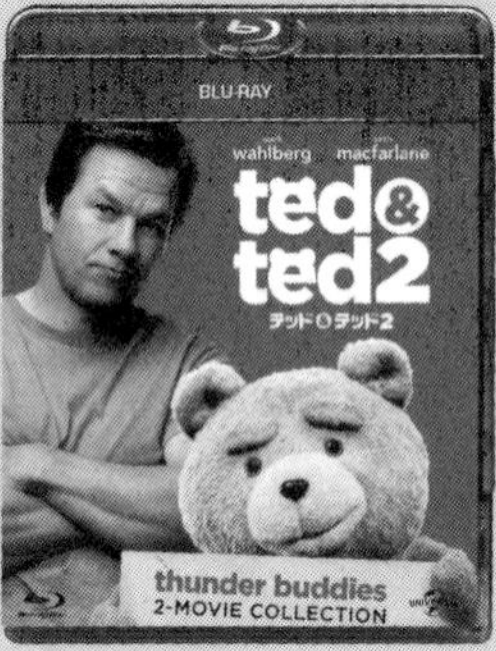

『テッド』2012年／アメリカ
『テッド2』2015年／アメリカ
〔監督〕セス・マクファーレン
〔出演〕セス・マクファーレン、マーク・ウォールバーグ
ブルーレイ ¥5,200+税
NBCユニバーサル・エンターテイメントジャパン

大人になれない「マン・チャイルド」

2013年に1作目『テッド』、2015年には2作目『テッド2』が日本で公開された、エロ中年ぬいぐるみクマ映画『テッド』シリーズ。

1作目は、主人公の少年ジョンが、クリスマスにぬいぐるみのクマちゃん（テディベア）をもらうところから始まります。ジョンはいじめられっ子で友達がいなかったので、「このテディベアに心があったらいいいな」と神様にお願いをします。すると、テディベアが自分の意思でしゃべり始めるのです。ジョンはテディベアに「テッド」という名前をつけて友達になり、仲良く暮らしていく……と、ここまではいい話なんですが、その後30年近くの時が流れて、主人公のジョンは35歳、テッドも一緒に歳を取ってオヤジに。2人はいい大人になったのに、いつまでたっても一緒にマリファナを吸いながらビールを飲んで、結婚もせずフラフラしている……という話でした。

彼らのように「年齢的には大人でも、精神的には子供のまま」という人は現実の世界にたくさんいます（テッドはぬいぐるみですが）。彼らは英語で「マン・チャイルド（大人子供）」と呼ばれており、アメリカにはマン・チャイルドを題材にした映画がたくさんあります。

日本でのコメディー映画の常識を覆した『テッド』

『テッド』のギャグは徹底的に下品で、主なネタはウンコ、マリファナ、セックスです。これが何かの間違いで女子高生たちにも大ウケし、日本国内で興行収入40億円を突破するほどの大ヒットを飛ばしました。

この40億円という数字は、日本の映画業界にとって非常に重要です。映画業界では「興行収入が製作費の3倍になればトントン」といわれています。つまり「製作費10億円の映画を作ったとしたら、チケットの売り上げが最終的に30億円になれば黒字に転換」ということです。今現在の日本映画は、市場規模のせいで、大ヒットしても興行収入は30億から40億円ほどが限界です。つまりそこから逆算すると「日本映画の製作費の上限は10億円ほど」ということになります。これ以上儲けるためには、中国を市場にしなければいけません。

洋画に関していうと、ワーナーやソニーなど世界規模の映画会社は、今の日本で30億円や40億円のヒットを狙えるような超大作以外は劇場公開しなくなっています。中国を含めた全世界で何百億円レベルのビジネスをしている以上、最高でも1億円くらいしかヒットが望めない小規模の映画に経費や人員を投入するのは無駄なので、FOXやソニーなどの大手は、GAGAなどのインディペンデントの会社に自社の映画の配給を任せてしまうのです。

そのようにして切り捨てられていく映画は、大スターの出ていない地味な映画、真面目な映画、難解な映画、それにコメディー映画です。アメリカのコメディー映画は、アメリカのテレビでしか知られていないコメディアンが主演だったり、ギャグがアメリカ文化と関連しているので、日本人にはわかりにくいことが多く、広い観客層に受け入れられないと考えられ、劇場公開されずにいきなりDVDで発売されたり、インディペンデントに任せて大都市の単館で公開、ということになる場合が多いわけです。そんな状況で、『テッド』の大ヒットは異例で、画期的なことでした。

アメリカ人にしかわからないネタを「翻訳」する

『テッド』シリーズを作った監督のセス・マクファーレンは、テッドの声も当てている声優であり、アニメーターであり、歌って踊れるというマルチ・タレントです。

僕は『テッド』シリーズの字幕監修をやらせてもらいましたが、1作目ではすごく苦労しました。というのも、セス・マクファーレンの映画に出てくるネタは、テレビのパロディや中年のアメリカ人にしかわからないような「懐かしネタ」ばかりだからです。

例えば、ジョンとテッドがケンカをするシーン。怒ったジョンがテッドに対してこんなことを言います。

「お前なんか欲しくなかった。同じクマなら、本当はお前よりもテディ・ラクスピン(Teddy Ruxpin)が欲しかったんだ!」

日本人の観客にはこの「テディ・ラクスピン」がなんのことなのかがわからないはずです。これは80年代にアメリカで流行った高級なおもちゃで、内蔵されたマシンで口や目が動いて、かわいいセリフをしゃべります。このおもちゃとテッドを比較するという、(中年の)アメリカ人ならわかるジョークをそのまま「テディ・ラクスピンが欲しかった!」と翻訳しても、まったく意味が伝わりません。

だから、このセリフを日本人にもわかるように「お前より、くまモンの方がいい!」という字幕をつけました。するとネット上で、「アメリカにくまモンなんかいねえじゃねーか!」と言って怒り出す人がいました。いや、それはこっちもわかってるから……。そもそも最初は「お前より、熊田曜子《くまだようこ》の方がいい！」という字幕にしようとして、映画会社に止められたんです。

それから、テッドを誘拐しようとする悪い少年をジョンがぶん殴って、お仕置きするシーン。ジョンはこんなことを言います。

「誰かがジョーン・クロフォードになって、しつけなきゃいけないんだ！」

このジョーン・クロフォードとは、１９４０～50年代にアメリカで活躍した女優の名前です。彼女は、自分の娘に殴る蹴るの虐待をしたことで知られていますが、これも日本人にはわからないジョークです。そこで、「鉄拳制裁による教育」という意味で「誰かが星一徹《ほしいってつ》にならなきゃいけないんだ！」という字幕を入れました。するとやはり「アメリカに星一徹はいない！」と怒られてしまいました。

昔の西部劇やギャング映画では「仏の顔も三度だぜ！」や「地獄に仏だぜ！」といった字幕がよく出てきましたが、当時は誰も「西部に仏はいねーよ！」とは言わなかったんですけどね。

＊＊＊

このように日本向けに僕が監修した字幕は大変な批判にさらされて、「お前の字幕は戸田奈津子《とだなつこ》以下だ！」「戸田奈津子の字幕より酷いものがこの世にあるのか！」「戸田奈津子以下と呼ばれて、人として平気なのか!?」など、散々な言われようでした。

翻訳家の戸田奈津子さんという人は、誤訳で有名です。例えば『オペラ座の怪人』（2004年）という映画のセリフで「Passion-Play（キリストの受難劇）」という言葉が出てきますが、戸田さんはこれを「情熱のプレイ」と訳しました。頭の中がエッチなことでいっぱいなんですね。それが戸田さん字幕クオリティーというものなんですが、そんなもんと一緒にすんじゃねーよ、バカヤロー！　戸田奈津子さんは原文の意味がわからないまま訳しているから「誤訳」。僕は意味がわかっていて、それをあえて壊しているから「悪訳」なのです！

しかしこの一件で僕は反省しまして、『テッド2』の字幕監修ではまったく悪訳をしていません。例えば、テッドが「魂《ソウル》はあるのか？」と言われた時に、彼が勘違いしてソウル・ミュージックを歌って「どうだ？　ソウルはあるだろ？」という、「ソウル・ミュージック」と「魂《ソウル》」を間違えるギャグなどは、あくまでも意味がわかるように忠実に修正するという形で監修しました。もう二度と「くまモン」も「星一徹」も使いません！　そして僕をディスるために、戸田奈津子さんを引き合いに出すのは失礼だからやめてください！

テッドは「人」？「物」？

1作目の『テッド』は、遊び歩いていた2人がお互い彼女を見つけて結婚するところで映画が終わっています。

そして『テッド2』ではテッドがその奥さんと一緒に暮らしていますが、やはり性格の不一致というか、人間とぬいぐるみの不一致で、夫婦仲はものすごく悪くなっています。

2人は「子供は夫婦のかすがい」ということで、夫婦仲修復のために子供を作ろうとします。しかし、テッドはぬいぐるみなのでチンコも精子もないため子作りができない。仕方がないので養子をもらうことにします。ところが「人間でないと養子はもらえない」ので、「テッドは〈人間〉なのか？　それとも〈物〉なのか？」ということが裁判で争われます。

実は、この話の元ネタはアメリカの奴隷制度なんです。南北戦争以前のアメリカ南部で奴隷だった黒人が、奴隷制度のない北部で「奴隷は〈人間〉なのか、持ち主の〈所有物〉なのか」が争われた裁判がありました。

2014年、監督のセス・マクファーレンが『テッド』の後に作って全然ヒットしなかった『荒野はつらいよ ～アリゾナより愛をこめて～』という西部劇コメディーがあるのですが、彼はこの映画を作るため南北戦争について調べていくうちこの裁判のことを知り、「テッドは〈人間〉なのか〈物〉なのか」というアイデアを思いついたそうです。

このエピソードから、『テッド2』は差別や人権といった政治的に深刻なテーマを扱った深い物語なのかな？と思ったら大間違いです。相変わらずマリファナと下ネタだらけで、全然深い物語ではありません。

でもそこがいいんです。

20

House of Cards

掟破りの政治ドラマ ハウス・オブ・カード 野望の階段

2013年／アメリカ
〔製作総指揮〕デヴィッド・フィンチャー
〔出演〕ケヴィン・スペイシー、ロビン・ライト、ケイト・マーラ、マイケル・ケリー
ブルーレイ　¥5,524+税（シーズン1コンプリートパック）
ソニー・ピクチャーズエンタテインメント

テレビドラマの終焉

『ハウス・オブ・カード 野望の階段』は、アメリカの映像配信サイト「ネットフリックス（Netflix）」が制作したオリジナルドラマで、2018年現在でシーズン5まで配信されています。ネットフリックスとは、もともとレンタルビデオの代わりに映画をネットで有料配信していた会社で、近年は独自に映画やドラマなどのコンテンツを作っています。

アメリカではテレビに代わって映像配信サービスが主流になってきています。おそらく、もうじき「テレビでドラマを観る」という習慣自体が終わることでしょう。視聴者はみな生活リズムがバラバラなので、「決まった時間に家に帰ってテレビを観る」という視聴スタイル自体が、時代にそぐわなくなっています。そもそも家にテレビを持っていない人も多く、スマホやタブレットでニュースやドラマを観るのが主流という状況において、テレビの存在意義はどんどん薄れているのです。

旧来のような、番組にスポンサーがついて、広告を流す対価として製作費を出す……というシステム自体が非常に曖昧《あいまい》なもので、「テレビＣＭでどれほど商品が売れるのか？」は計測不可能です。今後、スポンサー企業がそこにお金をかけることはなくなるでしょう。

また、テレビ番組は３つの理由で内容が縛られています。つまり「誰が観ているかわからない」「スポンサーは嫌われたくない」「放送法で規制されている」。だから、みんな安全な内容になっていきます。でも、ネットのドラマは、「観たい人しか観ていない」「スポンサーがいない」「放送法の適用外」なので、とにかくなんでも表現できます。

豪華な制作陣と出演者

『ハウス・オブ・カード　野望の階段』は、スタッフもキャストも映画並みに豪華です。製作・監督は『ゴーン・ガール』（2014年）や『セブン』（1995年）、『ファイト・クラブ』（1999年）などを作ってきたデヴィッド・フィンチャー。彼の他にもジョエル・シュマッカーやジョディ・フォスターといったハリウッドの一流どころが演出しています。

主演のケヴィン・スペイシーは、フィンチャーの『セブン』で連続殺人犯の強烈なキャラクターを演じた演技派です。『アメリカン・ビューティー』（1999年）では、オナニーしているところを奥さんに見つかり逆ギレする演技でアカデミー主演男優賞を受賞しています。見た目は小日向文世《こひなたふみよ》さんにそっくりの彼ですが、『ハウス・オブ・カード 野望の階段』では民主党の政治家フランクを演じています。

悪漢が大統領を目指す

フランクは、世界最高の権力者であるアメリカ大統領の座を目指してのし上がっていくために邪魔者を蹴落としていきます。このドラマの面白さは、主人公のフランクが誰かを騙している時に、クルッとカメラの方を向いて「バカはこうやって騙されるんだよな」と視聴者に話しかけてくるところにあります。

これは「第4の壁を破る」といわれる演出ですが、フランクの場合はシェイクスピアの『リチャード三世』という戯曲が元ネタになっています。リチャード三世は、15世紀のイギリスで権力を手に入れるために仲間をどんどん蹴落として殺していきます。お姫様を口説く時、「あなたの美しさに私は負けたのです。あなたのために私は権力を握ろうとしているんです！」などと言いながら、パッと客席の方を向いて「なかなかいい口説き文句だろ？」

と観客に話しかけてきます。

『ハウス・オブ・カード』の原作はイギリスの小説なので（イギリスでドラマ化もされています）、シェイクスピアの手法が引用されているというわけです。リチャード三世は、日本でいうと小説『白い巨塔』（山崎豊子・作）の主人公・財前五郎《ざいぜんごろう》や、マンガ『銭ゲバ』（ジョージ秋山・作）の主人公・蒲郡風太郎《がまごおりふうたろう》のような、陰謀を巡らせてのし上がっていくキャラクターの原点なのです。

＊＊＊

もう1つの重要な要素は、ロビン・ライト演じるフランクの奥さん、クレアの存在です。彼女はフランクに加担して、彼がのし上がっていくのを応援し、フランクが迷っている時には「あなた、しっかりしなさい！」と焚きつけます。

このあたりはシェイクスピアの『マクベス』の要素が入っています。スコットランドの王様になるために陰謀を巡らせるマクベスを、その奥さんが「あんた、あの邪魔者を殺しなさい！」と言って煽ります。

奥さんが尻を叩くという意味では、ドラマ『半沢直樹』（2013年）にも通じる部分がありますね。まあ『半沢直樹』は正しいことをする夫を奥さんが助けるんですが、『ハウス・オブ・カード』の夫婦の目的は権力だけです。

最強最悪の男・フランク

こういう「のし上がりもの」は山ほどありますが、『ハウス・オブ・カード 野望の階段』のフランクは最強最悪です。彼は政治家として陰謀を巡らすだけではなく、軍人でもあるので、素手で人を殺しちゃいます。そのうえモラルがまったくありません。「自分以外の人間はみんな犬か虫だ」と思っているような男なのです。

第1話の冒頭シーンは衝撃的です。車にはねられて死にかけている犬を、フランクが「私は役に立たないものは嫌いだ」と言いながら首の骨をへし折って殺すところから始まるのです。これが彼の全てを象徴しています。

彼は自分の父親に反発心を持っていて、父の墓に行って「俺はあんたみたいにはならないぜ！」と言いながら墓石におしっこを引っかけます。

神も信じません。教会で神父に「あなたは神を信じますか？」と聞かれると、彼はこう答えます。「私はね、旧約聖書の神様が好きなんだよ。暴力と恐怖で人を支配したから」。すると神父は「いや、イエス・キリスト様はそうじゃない。キリスト様は愛でみんなを救おうとしたんですよ」と言うと、フランクは「ちょっと私とイエス・キリスト様と、2人だけにしてくれませんか？」と言って神父を外に出し、キリスト像の顔に「何が愛だよ？」と言いながらツバを引っかけます。

フランクには、モラルもなければ宗教的な信念やイデオロギーも全くありませんが、とにかく圧倒的な問題解決能力があるので、これを武器に、右も左も関係なくあらゆる敵を蹴散らしていくわけです。

悪漢がモラルもなしに自由自在に好きなことをやってのけるドラマは「ピカレスク・ロマン」といわれており、時代を問わず大衆の支持を集めているんです。悪漢をヒーローとして描く物語は、日本でも歌舞伎をはじめ小説などで伝統的に存在します。

イギリス版のドラマでは、主人公が首相の座に就こうとしたところで、因果応報《いんがおうほう》で破滅して終わります。ところがアメリカのドラマは人気がある限り延々と続いていきます。フランクはシーズン2の最後で野望の階段を上り詰め、とうとう大統領の座に就いてしまうのです。

国を動かすのに必要なのは圧倒的な実行力？

「大統領になったら、もうゴールじゃないの？」と思いましたが、そうではなかった。大統領になった彼の前に、今まで以上に強力な敵が次々に現れるのです。

まず、いちばんの敵は共和党です。大統領になるまで、フランクの敵は民主党内の議員たちでしたが、民主党は人権派の甘ちゃんばかりだったので、フランクは草食動物の檻に投げ込まれたライオンのように大暴れし、周りを潰していきました。

ところが共和党はアメリカの議会を多数で支配しており、大統領がいくら法案を出しても全て党議拘束で潰しにかかります。これはオバマ元大統領も実際にやられていたことで、例えば大統領が雇用を促進するための景気刺激策を出したとしても、共和党による反対を受けて法案が潰されてしまうわけです。

予算案を出しても必ず共和党が潰すため、政府自体が一時機能停止になるまでに追い詰められました。フランクはこの逆境の中で闘います。つまりこれは、現実の世界でオバマ元大統領が苦労した問題を、最強最悪の男フランクに代行させて闘わせているのです。


フランクが体現しているのは、『マキャベリズム』といわれる思想です。これはニッコロ・マキャベリというイタリアの政治思想家の名前から来ているもので、彼は『君主論』という本の中で「国を運営するために必要なのは道徳ではない。どんなに悪辣《あくらつ》な手段を使ってでも、目的を遂行する実行力だ」と主張しています。

このドラマは「マキャベリズムが正しいのだ」と言っているわけではなく、一種の皮肉としてこの思想を用いています。モラルのない完全な悪漢が大統領になってマキャベリズムに則《のっと》れば、本当に政治をうまく動かせるのか？

本作はまだ完結していないので、最後にどうなるのかはわかりません。

「ハウス・オブ・カード」とは、トランプのカードを組み立てて作った家のこと。つまり、風が吹けば簡単に倒れてしまう「砂上《さじょう》の楼閣《ろうかく》」に近い意味があるのです。

＊＊＊

というわけで『ハウス・オブ・カード 野望の階段』は、非常に深くて皮肉で本当によくできたドラマですが、と同時にセクシーなドラマでもあります。フランクはバイセクシャルなので、男も女もＯＫ。

SPと奥さんで3Pをしたり、大変なことになっていますが、そのあたりも見どころです（2017年、ケヴィン・スペイシーは若い男性たちへの性行為強要が次々と発覚し、芸能界を引退。ただ、『ハウス・オブ・カード』はあまりに人気なので、妻役のロビン・ライトを主役にシリーズ続行の可能性を探している）。

21

Transformers: Age of Extinction

ハリウッド超大作と中国資本の関係

トランスフォーマー／ロストエイジ

2014年／アメリカ、中国
〔監督〕マイケル・ベイ
〔出演〕マーク・ウォールバーグ、ニコラ・ペルツ、ジャック・レイナー
ブルーレイ　¥2,381+税
パラマウント ホーム エンタテインメント ジャパン

中国へ向かう映画業界

『トランスフォーマー』シリーズの4作目『トランスフォーマー／ロストエイジ』は、興行収入が全世界でなんと10億ドル（1000億円）を突破し、映画史に残る大記録を打ち立てました。

『トランスフォーマー／ロストエイジ』の製作費は約200億円。日本映画の製作費は大作でも10億円ほどなので、本作1本分の予算で日本の大作が20本も作れる計算です。映画の採算分岐点は製作費の3倍、つまりチケットの売り上げ（興行収入）が映画製作費の3倍になった時点でイーブン、ここから儲けが出始めます。本作の場合は興行収入が製作費200億円の5倍以上1000億円に達したので、特大ヒットということになります。

ここで重要なのは、本作の売り上げのうちの300億円以上を中国で稼いだということです（アメリカでは240億円ほどしか稼いでいません）。これには、中国では近年、年間30％の増加率でスクリーンが増えているという背景があります。

本作が公開された2014年時点で、中国には4600軒以上のシネコンがあり、スクリーン数は1万8000を超えています（日本のスクリーン数は3300程度なので、中国は日本の6倍ほどの市場ということになります）。さらに今、中国ではスクリーンの数が1日に10から13ずつ増えており、10年以内に6万スクリーンに届くともいわれています。中国の人口は13億人以上ですから、アメリカやカナダを超えて世界最大の映画市場になるでしょう。世界の映画界は中国に向かっています。

ターゲットは40代のお父さん世代

「トランスフォーマー」とは、80年代にタカラ（現在のタカラトミー）から発売された変形ロボットおもちゃで、同じ時期に東映が制作したアニメは全世界で大ヒットしました。それを観て育った少年たちが今や40代の大人になり、子供を持つ年齢になっています。そのお父さん世代を狙って作られたのが『トランスフォーマー』の映画シリーズで、『ロストエイジ』はシリーズの４作目にあたります。

ここで『トランスフォーマー／ロストエイジ』のストーリーを紹介しましょう。「自動車に変形できるロボット型の宇宙人が地球にやってきて、悪い宇宙人と戦う」……はい、おしまい！　それ以上のことはないです。知ってもどうってことないですし、全然頭に入ってきませんから。

中国とアメリカの合作

『トランスフォーマー／ロストエイジ』はアメリカと中国の合作映画で、内容は思いっきり中国向けに作られています。

映画を米中合作にするメリットはいくつもありますが、第一に挙げられるのは、中国の企業からお金が入ってくることです。本作は公開前の時点で40社ほどの企業がスポンサーになり、160億円以上をタイアップ（広告収入）で稼いでいますが、そのうちの半分が中国系企業なのです。

中国は政府が共産党一党支配で、公開する映画を決定するのは政府です。また、中国ではアメリカ映画は年間25本しか公開することができませんが、合作にしてしまえば中国映画扱いになるので、他のハリウッド映画より公開のハードルがずっと下がるのです。

映画の舞台は、前半がアメリカ。後半は香港に移りますが、これはどう見ても2本分の映画のストーリーを無理やりくっつけていますね。つまり前半はアメリカ人向けで、後半は中国人向けなのです。

＊＊＊

前半では、アメリカ政府がトランスフォーマーの技術を使ってロボット兵士を造り、軍事利用しようとします。アメリカ政府は、スティーブ・ジョブズそっくりのベンチャー企業の社長にロボット兵士の開発を依頼します。すると、その社長はロボットの開発を中国企業に下請けで出すという展開になります。強引な展開のようですが、「なんでも中国に下請けをやってもらう」という現実の世界を反映していますよね。

次々にブチ込まれる企業のCM

映画の上映時間は2時間45分、普通の映画の2本分ほどあります。これは、スポンサー各社と「○秒以上この商品を映します契約」を結んだため、全ての商品を入れることで時間がどんどん延びてしまったのです。

映画の冒頭で、マーク・ウォールバーグ演じる主人公のケイドという男が、オプティマス・プライム（日本ではコンボイ）という善玉宇宙人のリーダーを見つけます。オプティマス・プライムはCIAに追われています。なぜか？ 理由は面倒くさいから説明しません。とにかく追われているので、逃亡資金が必要だということになり、主人公が住んでいるテキサスのど真ん中にあるATMでお金を下ろすシーンがあります。そこで主人公がキャッシュカードを使うわけですが、彼のカードはなぜか中国建設銀行のもの。テキサスに住んでいるアメリカ人のおっさんが、なぜ中国建設銀行のカードを持っているのか？　その理由は、中国建設銀行がこの映画のスポンサーになっているからです。

街中でトランフォーマー同士が戦っていると、缶ビールを運んでいるトラックが「ガシャーン！」と潰されます。そこに主人公が行って、道に散らばったビールを拾って「ゴクゴクゴクッ！」と美味しそうに飲みます。もちろんこれは「バドライト(Bud Light)」というビールの広告。

これが映画の未来だ！

香港に舞台が移ってからは、巨大戦艦との空中戦になります。主人公側の善玉宇宙人が撃墜されて香港の高層ビルの上から落ちると、落ちた場所はなぜか香港ではなく、中国の重慶《じゅうけい》にあるカルスト国立公園という風光明媚《ふうこうめいび》な場所でした。なぜ香港で戦っていたロボットが、撃墜されたら1000キロ以上離れている重慶に落ちるのか？　それは重慶の観光会社がスポンサーになっているからです。重慶に落ちたロボットは走って香港に戻ります。東京と博多間ぐらい離れている香港と重慶が、まるで隣同士のように見えてしまいます。アメリカ人からすれば「1000キロくらいならご近所だろ？」という感覚だったのでしょうが、これにはさすがに重慶の観光協会も「話が違う！」と怒り、裁判になったそうです。

スティーブ・ジョブズそっくりの社長は敵に追われ、ビルの屋上に駆け上がります。すると屋上にはなぜか冷蔵庫があって、社長は突然冷蔵庫の中の紙パック牛乳をストローで「チュー！」っと飲みます。もちろん牛乳会社の広告です。

スティーブ・ジョブズ似の社長が敵から逃げていると、突然、通りすがりの男が追っ手をバンバン殴って倒すシーンがあります。この人は鄒市明《ゾウシミン》という中国の金メダルボクサーです。彼のことを知っている中国人は喜ぶシーンですが、彼のことを知らない全世界の人々は、通りすがりの男がいきなり大活躍するので、何がなんだかわからないわけです。でも中国で300億円儲かるから、これでいいのです。

この映画は、あらゆる意味で今の映画の現状、映画の未来を示しています。「これが映画の未来なんだ！これが世界でいちばん儲けている映画なんだ！」と思いながら本作を観ていると、本当にうんざり……いや、最高の気持ちになりました。

「たまむすび」火曜パートナー

山里亮太インタビュー

Ryota Yamasato Interview

やまさと・りょうた
1977年生まれのお笑い芸人。2003年に相方の山崎静代と「南海キャンディーズ」を結成。コンビでの活動以外にもテレビ・ラジオなどで活躍中。

町山さんの話は映画を観る時用のドラッグですよね（笑）。キメてから観ると、面白さや感動が何倍にも感じられる。

——町山さんのコーナーが始まったのは、「たまむすび」が始まったのと同じ2012年（当時のコーナー名は「たいしたたま」）からですね。

えー、もうそんなに経つんだ！　っていう感じですね。

——コーナーが始まる以前に比べて、映画を観る機会は増えましたか？

僕の人生で映画を観る機会が確実に増えました。むしろ、町山さんと出会う前はほとんど映画を観ていなかったですね。映画館に行くことも、まったくと言っていいほどなかったんです。町山さんのコーナーがなければ観なかった映画もたくさんあるし、「何かのきっかけで観ていたかもしれないけど、こんなに楽しめなかっただろうな」っていう作品がいっぱいあります。

——山里さんは、町山さんが紹介した映画をご覧になった感想などを「たまむすび」でよく話されていますよね。

町山さんのお話を聞くと、実際に作品を観たくなるんです。で、映画を観た後で人に会うと、町山さんの言葉をパクって「あの映画って、実はこういうことなんだよ」人に話したくなります。めっちゃ映画通っぽく振る舞えるから。相手が「たまむすび」を聴いていないことが前提ですけど（笑）。

――その気持ちはわかります（笑）。

以前、雑誌のインタビュー中に映画の話になって、話している途中に「あれ？　今のところ俺、全部町山さんの話をパクってる」っていうことに気づいて困ったことがあります（笑）。

――「アメリカ流れ者」の魅力はどんなところにあると思いますか。

やっぱりいろんなものに出会うきっかけになって、楽しいところですね。例えば海外ドラマでも、『24 -TWENTY FOUR-』や『LOST』が流行っていた時とかは、ほとんど興味を持てなかったんです。でも町山さんが紹介してくれたおかげで『ブレイキング・バッド』にハマりました。

――どんなところにピンときたのですか？

「学校の先生がドラッグの密造で大金を稼ぐ話」とか、紹介してくれる時の言葉選びがいいんですよね。僕みたいな映画の素人にも取っつきやすくて、独特の噛み砕き方をしてくれる。「見出しとしてクリックしやすい」というか。

――話を聞いているだけでワクワクしてきますよね。

そう。でも、これは言っていいのかわからないんですが、町山さんのコーナーの唯一の難点は「映画の紹介が本編の面白さを超えてくることがある」っていうこと。トークを聞いて「これはムチャクチャ面白いな！　絶対観よう！」と思って実際に映画館に行くと「あれっ!?　町山さんの話を聞いている時の

ワクワクがピークだったな」っていうケースがある(笑)。でもそれは町山さんが話を誇張しているわけではなくて、僕が勉強不足で映画の良さがわかっていないだけだと思いますけど。

――なるほど。

もちろん、「映画が思ったほど面白くない」っていうケースはごく一部です。例えば『キングスマン』とか、町山さんが紹介してくれていなかったら観なかったし、観ていたとしても「オシャレなスパイがカッコよく悪人を殺す」だけの話としてしか観ていなかったと思います。町山さんの話を聞くことで、実はそこには思想の対立とか、イギリスとアメリカの文化の違いが隠されているんだってことを知ると、映画が何倍にも面白くなるし、楽しみの幅が広がります。予備知識なしで観ていれば普通に流しちゃうようなシーンも、町山さんの話を聞くことで面白いポイントに変わるから、楽しさが増すんですよね。それが本当にすごい。

――知識なしで観るよりも「お得」という感覚がありますよね。

すでに一度観た作品だったとしても、町山さんの話を聞いた後でもう1回観ると、まったく印象が変わる。町山さんの話は、映画を観る時用のドラッグですよね。これをキメてから観ると、面白さや感動が何倍にも感じられる。普通では見えないものが見えてくるし、聞こえないものが聞こえてくるわけですからね。この本も、それができるのがいいですよね。ドラッグ本ですね(笑)。

――ところで、今回の本に収録した21本のうち、特に印象に残っている作品はありますか?

『この世界の片隅に』ですね。これは映画館で2回観ました。この時は、町山さんのトークがいつにも増して熱かったんですよ。単にわかりやすく面白いだけじゃなくて、熱量がすごかった。あの時はちょうど主役の声優をやっている能年玲奈ちゃんが大変な時期で。僕らは『あまちゃん』で能年ちゃんに恋をしているから全力で応援したし、アメリカ映画に比べると低予算という厳しい日本映画界の中で素晴らしい作品を作っているんだ！　っていう感動もありました。

――いつもそうですが、トークの熱量の高さは本当にすごいですよね。

熱が入りすぎて、放送禁止用語を言っちゃう時もあるんですけど（笑）。今までの放送で、2〜3回は女性器のことを口に出して言ってますからね！

――生放送で、タブーすれすれの時事ネタを放り込んでくることも多いですよね。

「これ、合いの手の入れ方を間違えたら俺も死ぬな」っていう時がありますからね（笑）。でも、町山さんが何かに熱くなったり、怒ったりしている時は「これをネタにして話題を作ってやろう、バカにしてやろう」なんていうことは一切なくて、作品に対する純粋な思いが強くてそうなっているんです。

――根底には映画への愛情があるんですね。

町山さんは「この作品の魅力をベストな状況で伝えるには」っていうことを常に考えているんだと思います。熱量っていうのは、声の抑揚《よくよう》とかテンションじゃなくて、本気で伝えたいことがあるからこそ高くなる。これはラジオのトークでも文章でも変わらないと思いますよ。

ＴＢＳラジオにて取材

町山さんの解説から垣間見える生き様。弱者の味方であり、人種差別の根幹を追及する、そんな姿勢に惚れるのです。

フリーアナウンサー
海保知里
Chisato Kaiho

町山さんのお名前を初めて意識したのは、我が家の本棚にあった『アメリカは今日もステロイドを打つ USAスポーツ狂騒曲』(集英社)というご著書を読んだ時だったと思います。私がアメリカに住んでいた時にも知らなかった話題がてんこ盛り! 抱腹絶倒《ほうふくぜっとう》かつ勉強になる内容にすっかりハマり、それ以来新刊が出るたびにチェックしています。

しかも私が小学生時代を過ごしたのは、町山さんがお住まいのバークレーの隣町。勝手に親近感を覚え、「いつかお会いしたいなぁ」と思っていました。

そんな町山さんとは「アメリカ流れ者」の放送で山ちゃんと一緒に毎週掛け合いさせていただき

ましたが、その熱い想いとテンションの高さ、下ネタのブッコミ具合のすごいこと！　放送が終わるたびに毎回「タメになったな」と感じていました。

町山さんの映画コラムでは、ストーリーや演出方法など「映画そのもの」のディテールというよりは、古い芸術や他の映画からの引用、あるいは作品を取り巻く社会情勢などを知ることができ、それを理解することでより作品の味わいが深くなるのです。

そして、解説から垣間見える町山さんの生き様。弱者の味方であり、人種差別の根幹を追及する、そんな姿勢に惚れるのです。

たまむすび「アメリカ流れ者」で町山さんとご一緒できて、映画を紹介されればされるほど、観たい作品が増えて止まりません！　ただ、毎回出てくる「男性ヌード有り」情報は、味わい深くはないですよ！　楽しみですけど!!

かいほ・ちさと
1975年10月13日生まれ、千葉県出身。東京女子大学卒業後、1999年にTBSテレビにアナウンサーとして入社。2004年10月から「はなまるマーケット」のサブ司会として活躍。2007年に結婚し、2008年6月末にTBSテレビ退社。ロサンゼルス～ニューヨークでの生活を経て2014年末に帰国。2児の母である。2017年4月から1年間、産休・育休の赤江珠緒に代わって「たまむすび」火曜パーソナリティーを担当した。ちなみに、海保夫妻は揃って町山ファンである。

「アメリカ流れ者」放送リスト

※2012年4月3日～2013年9月24日までのコーナー名は「たいしたたま」。2013年10月1日放送分より現タイトル「アメリカ流れ者」となりました。

2012年

4・3 『ロボット』
4・10 『これは映画ではない』
4・17 『ザ・レイド』
4・24 『キャビン』
5・1 『サウンド・オブ・ノイズ』
5・8 『アベンジャーズ』
5・15 『ヘッドハンター』
5・22 『ディクテーター 身元不明でニューヨーク』
5・29 ウィンチェスター・ミステリー・ハウス
6・5 『Mrs. Eastwood & Company』
6・12 『ウォーリアー』
6・19 『プロメテウス』
6・26 『メリダとおそろしの森』
7・3 ノーラ・エフロン
7・10 『マジック・マイク』
7・17 『テッド』
7・24 『ダークナイト・ライジング』
7・31 『クィーン・オブ・ベルサイユ 大富豪の華麗なる転落』
8・7 『The Imposter』
8・14 『俺たちスーパー・ポリティシャン めざせ下院議員！』
8・21 『エクスペンダブルズ2』
8・28 面影ラッキーホール
9・4 『The Ambassador』
9・11 『コンプライアンス』
9・18 大統領選挙
9・25 『ハッシュパピー～バスタブ島の少女～』
10・2 『ルーパー』
10・9 『セッションズ』
10・16 『アルゴ』
10・23 『クラウド・アトラス』
10・30 『フライト』
11・6 『シュガー・ラッシュ』
11・13 『007 スカイフォール』
11・20 『リンカーン』
11・27 『ライフ・オブ・パイ／トラと漂流した227日』
12・4 『世界にひとつのプレイブック』
12・11 『ゼロ・ダーク・サーティ』
12・18 『ジャンゴ 繋がれざる者』
12・25 2012年映画ランキング

2013年

1・8 『きっと、うまくいく』
1・15 『愛、アムール』

1・22　『人生、ブラボー!』
1・29　『シュガーマン 奇跡に愛された男』
2・5　『セデック・バレ』
2・12　『アイアム ブルース・リー』
2・19　プロインタビュアー吉田豪による町山智浩インタビュー
2・26　『ロイヤル・アフェア 愛と欲望の王宮』
3・5　『NO』
3・12　『ジャーニー/ドント・ストップ・ビリーヴィン』
3・19　『アイ・ウェイウェイ:ネヴァー・ソーリー』
3・26　『天使の分け前』
4・2　『ザ・サファイアズ』
4・9　『ディスコネクト』
4・16　『嘆きのピエタ』
4・23　『42~世界を変えた男~』
4・30　『スプリング・ブレイカーズ』/『サイド・エフェクト』/『プレイス・ビヨンド・ザ・パインズ/宿命』/『プロミスト・ランド』/『トランス』
5・7　『アイアンマン3』
5・14　『華麗なるギャッツビー』
5・21　『本当はこんな歌』
5・28　『アイスマン』
6・4　『We Steal Secrets: The Story of WikiLeaks』
6・11　『あまちゃん』
6・18　『ザ・イースト』
6・25　『マン・オブ・スティール』
7・2　『ワールド・ウォーZ』
7・9　『スター・トレック イントゥ・ダークネス』
7・16　『パシフィック・リム』
7・23　『フルーツベイル・ステーション』
7・30　『ウルヴァリン:SAMURAI』
8・6　『ワールズ・エンド 酔っぱらいが世界を救う!』
8・13　『エリジウム』
8・20　『風立ちぬ』
8・27　『地獄でなぜ悪い』
9・3　『縮みゆく男』
9・10　『トラウマ恋愛映画入門』
9・17　『もったいない!』
9・24　『大統領の執事の涙』
10・1　『ブレイキング・バッド』
10・8　『ゼロ・グラビティ』
10・15　『わが青春のマリアンヌ』
10・22　『キャプテン・フィリップス』
10・29　『少女は自転車に乗って』
11・5　『それでも夜は明ける』
11・12　『あかんやつら ~東映京都撮影所血風録~』
11・19　『ダラス・バイヤーズクラブ』
11・26　『ビフォア・ミッドナイト』
12・3　『あなたを抱きしめる日まで』
12・10　『マンデラ 自由への長い道』
12・17　『ローン・サバイバー』
12・24　『高齢化家族』/『悪いやつら』/『新しき世界』
12・31　2013年の映画ベストテン

2014年

1・7　『アメリカン・ハッスル』
1・14　『ウルフ・オブ・ウォールストリート』
1・21　『地球防衛未亡人』
1・28　『ラッシュ/プライドと友情』

2・4 『ネブラスカ／ふたつの心をつなぐ旅』
2・11 『ブルージャスミン』
2・18 『her／世界にひとつの彼女』／『ドン・ジョン』
2・25 『アクト・オブ・キリング』
3・4 第86回アカデミー賞のおさらい
3・11 『LEGO®ムービー』／『俺たちニュースキャスター 史上最低!?の視聴率バトルinニューヨーク』
3・18 『アデル、ブルーは熱い色』
3・25 『グレート・ビューティー／追憶のローマ』
4・1 『アメリカのめっちゃスゴい女性たち』
4・8 『キャプテン・アメリカ／ウィンター・ソルジャー』
4・15 『スキャンダル 託された秘密』
4・22 『知ってても偉くないUSA語録』
4・29 『オーファン・ブラック 暴走遺伝子』
5・6 『グランド・ブダペスト・ホテル』
5・13 『ベル～ある伯爵令嬢の恋～』
5・20 『GODZILLA ゴジラ』
5・27 『X-MEN：フューチャー&パスト』
6・3 『ネイバーズ』
6・10 『フェド・アップ』
6・17 『ミリオン・ダラー・アーム』
6・24 『Catfish』
7・1 『What Would You Do?』
7・8 『ジ・アメリカンズ』
7・15 『TOKYO TRIBE』
7・22 『6才のボクが、大人になるまで。』
7・29 『コングレス未来学会議』
8・5 『トランスフォーマー／ロストエイジ』
8・12 ロビン・ウィリアムズ
8・19 『物語る私たち』
8・26 『エクスペンダブルズ3・ワールドミッション』
9・2 『ガーディアンズ・オブ・ギャラクシー』
9・9 ハリウッドセレブのヌード写真大量流出事件
9・16 『ジェームス・ブラウン 最高の魂を持つ男』
9・23 『FRANK-フランク-』
9・30 『奇跡の2000マイル』
10・7 『ゴーン・ガール』
10・14 『バードマン あるいは(無知がもたらす予期せぬ奇跡)』
10・21 『フューリー』
10・28 『インターステラー』
11・4 本多猪四郎
11・11 『シェフ／三ツ星フードトラック始めました』
11・18 高倉健
11・25 『博士と彼女のセオリー』
12・2 菅原文太
12・9 『ビッグ・アイズ』
12・16 『イミテーション・ゲーム』
12・23 『ザ・インタビュー』
12・30 2014年のおすすめ日本映画

2015年

1・6 『セッション』
1・13 『不屈の男 アンブロークン』
1・20 『グローリー／明日への行進』
1・27 『アメリカン・スナイパー』
2・3 『フォックスキャッチャー』
2・10 『アリスのままで』／『わたしに会うまでの1600キロ』
2・17 第87回アカデミー賞予想

2・24 第87回アカデミー賞振り返り
3・3 『チャッピー』
3・10 『FARGO／ファーゴ』
3・17 『ハウス・オブ・カード 野望の階段』
3・24 『ザ・ジンクス』
3・31 『キングスマン』
4・7 『皆殺しのバラッド／メキシコ麻薬戦争の光と闇』
4・14 『ラストマン・オン・アース』
4・22 『ゴーイング・クリア』
4・28 『エクス・マキナ』
5・5 『ニーナ・シモン～魂の歌』
5・12 『ルック・オブ・サイレンス』
5・19 『ピッチ・パーフェクト』
5・26 『マッドマックス 怒りのデス・ロード』
6・2 『トゥモローランド』
6・9 『アベンジャーズ／エイジ・オブ・ウルトロン』
6・16 『フレンチアルプスで起きたこと』
6・23 『ジュラシック・ワールド』／『ラブ&ピース』
6・30 『テッド2』
7・7 『ターミネーター 新起動／ジェニシス』
7・14 『インサイド・ヘッド』
7・21 『進撃の巨人 ATTACK ON TITAN』
7・28 『ラブ&マーシー 終わらないメロディー』
8・4 『ミッション：インポッシブル／ローグ・ネイション』
8・11 世界の戦争映画
8・18 『ストレイト・アウタ・コンプトン』
8・25 『アンリアル』
9・1 剣三部作
9・8 『オレンジ・イズ・ニュー・ブラック』
9・15 『進撃の巨人 ATTACK ON TITAN エンド オブ ザ ワールド』／『ザ・フィフティーズ』
9・22 『ミスター・ロボット』
9・29 『エベレスト 3D』
10・6 『ブラック・スキャンダル』
10・13 『ザ・ウォーク』
10・20 『オデッセイ』
10・27 『スティーブ・ジョブズ』
11・3 『ルーム』
11・10 『007 スペクター』
11・17 パリでの同時多発テロ
11・24 『スポットライト 世紀のスクープ』
12・1 水木しげる
12・8 『クリード チャンプを継ぐ男』
12・15 ジョージ・ルーカス
12・22 『兵隊やくざ』／『宮本武蔵』
12・29 『ブリッジ・オブ・スパイ』

2016年

1・5 『イット・フォローズ』
1・12 『キャロル』
1・19 『レヴェナント：蘇えりし者』
1・26 『サウルの息子』
2・2 大統領選の党員集会
2・9 『マネー・ショート 華麗なる大逆転』
2・16 第88回アカデミー賞予想
2・23 アカデミー賞予想の続き／『マジカル・ガール』
3・1 第88回アカデミー賞振り返り／『ロブスター』
3・8 『リリーのすべて』
3・15 『デッドプール』
3・22 アメリカ大統領選
3・29 『さざなみ』

4・5 『ボーダーライン』／『カルテルランド』
4・12 『ヘイル、シーザー！』／『トランボ／ハリウッドで最も嫌われた男』
4・19 『FAKE』
4・26 『ズートピア』
5・3 『神様メール』
5・10 冨田勲
5・17 『マイケル・ムーアの世界侵略のススメ』
5・24 『ブルックリン』
5・31 『アノマリサ』
6・7 モハメド・アリ
6・14 『重版出来！』
6・21 アントン・イエルチン
6・28 『AMY エイミー』
7・5 『アイ・イン・ザ・スカイ』
7・12 『ゼロ・デイズ』
7・19 『グリーンルーム』／『ザ・ナイス・ガイズ』
7・26 『ゴーストバスターズ』
8・2 『スター・トレック BEYOND』
8・9 『栄光のランナー／1936ベルリン』
8・16 『ジャニス：リトル・ガール・ブルー』
8・23 『スーサイド・スクワッド』
8・30 『将軍様、あなたのために映画を撮ります』
9・6 『ハドソン川の奇跡』
9・13 トロント国際映画祭
9・20 日本のパンクロックと遠藤賢司
9・27 ブラッド・ピットとアンジェリーナ・ジョリー
10・4 『ドント・ブリーズ』／『コクソン』
10・11 第29回 東京国際映画祭
10・18 アメリカ大統領選
10・25 「最も危険なアメリカ映画」／「さらば白人国家アメリカ」
11・1 『この世界の片隅に』
11・8 アメリカ大統領選挙前夜レポート
11・15 ドナルド・トランプ勝利
11・22 『ハクソー・リッジ』
11・29 『マンチェスター・バイ・ザ・シー』
12・6 『メッセージ』
12・13 『ラ・ラ・ランド』
12・20 『あなた、その川を渡らないで』
12・2 2016年のベスト映画

2017年

1・10 『ムーンライト』
1・17 トランプ政権の閣僚人事
1・24 松方弘樹
1・31 『海は燃えている』
2・7 スーパーボウルのCM騒動／『フェンス』
2・14 『ありがとう、トニ・エルドマン』
2・21 第89回アカデミー賞直前予想
2・28 アカデミー賞授賞式の後日談
3・7 『コクソン』／『アシュラ』／『お嬢さん』
3・14 『ゲット・アウト』
3・21 『キングコング：髑髏島の巨神』
3・28 渡瀬恒彦／チャック・ベリー
4・5 『T2 トレインスポッティング』
4・11 『ドリーム』
4・18 『RAW～少女のめざめ～』
4・25 『ロスト・シティZ 失われた黄金都市』
5・2 『ガーディアンズ・オブ・ギャラクシー：リミックス』
5・9 『ファウンダー ハンバーガー帝国のヒミツ』

5・16 『皆はこう呼んだ、鋼鉄ジーグ』
5・23 『エイリアン：コヴェナント』
5・30 『エル ELLE』
6・6 『ワンダーウーマン』
6・13 『ツイン・ピークス The Return』
6・20 『The Handmaid's Tale』
6・27 『アメリカン・ゴッズ』
7・4 『ベイビー・ドライバー』
7・11 『ボンジュール、アン』／『ザ・ビガイルド』
7・18 『新感染 ファイナル・エクスプレス』
7・26 『ダンケルク』
8・1 『ウエストワールド』
8・8 『ハイドリヒを撃て！「ナチの野獣」暗殺作戦』
8・15 バージニア州の白人至上主義者集会
8・22 アメリカのコメディアン
8・29 『猿の惑星：聖戦記（グレート・ウォー）』
9・5 『デトロイト』
9・12 トロント映画祭2017
9・19 『アトミック・ブロンド』
9・26 『Battle of the Sexes』
10・3 ラスベガスの銃乱射事件と全米ライフル協会／『女神の見えざる手』
10・10 『バリー・シール／アメリカをはめた男』
10・17 『ブレードランナー 2049』
10・24 ハーヴェイ・ワインスタイン
10・31 Wasteland Weekend／『全員死刑』
11・7 『マイティ・ソー バトルロイヤル』
11・14 『ギフテッド』／『ザ・フロリダ・プロジェクト』
11・21 『スリー・ビルボード』
11・28 『否定と肯定』
12・5 『ザ・ディザスター・アーティスト』
12・12 『シェイプ・オブ・ウォーター』
12・19 『アイ、トーニャ』
12・26 2017年のおすすめ映画10選

2018年

1・9 2018年ゴールデングローブ賞／『レディ・バード』
1・16 『君の名前で僕を呼んで』
1・23 『ビッグ・シック ぼくたちの大いなる目ざめ』
1・30 『リメンバー・ミー』
2・6 『ペンタゴン・ペーパーズ 最高機密文書』／『ザ・シークレットマン』
2・13 『15時17分、パリ行き』
2・20 『ブラックパンサー』
2・27 第90回アカデミー賞予想
3・6 第90回アカデミー賞振り返り
2・27 『ファントム・スレッド』

町山智浩の
「アメリカ流れ者」

2018年4月4日　第1刷発行

著　　者　町山智浩
編　　者　TBSラジオ「たまむすび」
企画・編集　三浦修一（スモールライト）
装　　丁　松田 剛+大朏菜穂+つきこ（東京100ミリバールスタジオ）
イラスト　conix
編集協力　中村孝司+室井順子（スモールライト）、玉造優也
校　　正　芳賀恵子
営　　業　藤井敏之（スモールライト）
制作協力　阿部千聡+御舩陽平（TBSラジオ「たまむすび」）、赤江珠緒、
山里亮太（よしもとクリエイティブ・エージェンシー）、yamadax

発 行 者　中村孝司
発 行 所　スモール出版
〒164-0003
東京都中野区東中野1-57-8　辻沢ビル地下1階
株式会社スモールライト
電話　03-5338-2360
FAX　03-5338-2361
e-mail books@small-light.com
URL　http://www.small-light.com/books/
振替　00120-3-392156

印刷・製本　中央精版印刷株式会社

Printed in Japan
ISBN978-4-905158-50-9